Histoire Du Notariat... - Primary Source Edition

E. D. Berge

HISTOIRE

DU NOTARIAT.

Imprimerie de LE NORMANT, rue de Seine, n°. 8.

HISTOIRE
DU NOTARIAT,

SUIVIE

DE CONSIDÉRATIONS GÉNÉRALES

SUR L'ÉTAT ACTUEL

DE CETTE INSTITUTION.

PAR E. D. BERGE, Notaire.

Da veniam scriptis, quorum non gloria nobis
Causa, sed utilitas, officiumque, fuit.
OVID., *ex Ponto*, III, 9.

PARIS,
LE NORMANT, IMPRIMEUR-LIBRAIRE.
1815.

231. C

A

MON BEAU-PÈRE,

MONSIEUR

FRANÇOIS-CHRISTIN GALOPPE,

NOTAIRE ROYAL A ILLIERS,

Comme un témoignage de
ma reconnoissance et de mon
respectueux attachement.

BERGE.

INTRODUCTION.

LE Notariat, cette institution créée pour l'utilité comme pour le repos et le bonheur des hommes, a de tous temps été l'objet de la sollicitude des souverains qui, selon les circonstances, l'ont diversement modifié, mais toujours dans la vue d'une amélioration: ainsi nous voyons, après la première création: en titre d'office, que quelques uns attribuent à saint Louis en 1270, à l'égard des notaires de Paris, et plus généralement à Philippe-le-Bel, en l'an 1300, que ses successeurs rendirent à différentes époques des ordonnances qui apportèrent quelques changemens, ou qui ajoutèrent à celles qu'il avoit rendues, et notamment à celle du mois de juillet 1304, qu'on peut regarder comme le statut primitif de l'établissement des notaires en France.

La pratique, qui, bien mieux que les théories les plus séduisantes, nous démontre les avantages ou les inconvéniens d'une institution, me suggéra, il y a quelques années, les observations qu'on va lire sur le Notariat : je projetai dès lors de les publier, dans l'intention de provoquer des règlemens que je jugeois utiles; mais le dernier gouvernement, toujours occupé d'objets de la plus haute importance pour lui seul, sembloit imposer silence aux hommes qui n'avoient que de modestes réflexions à présenter pour le bien de la société : je n'osai pas hasarder mes observations, craignant de prêcher dans le désert.

Depuis le rétablissement du Roi, Sa Majesté, à l'exemple de ses aïeux, a témoigné les dispositions les plus favorables au Notariat, soit dans sa réponse à la députation des notaires de Paris (1),

(1) Voyez le *Journal des Débats* du 22 mai 1814.

soit en accordant la décoration de la
Légion-d'Honneur à leur doyen. J'avois
pensé que je ne pouvois dans des circonstances plus heureuses réaliser mon projet ;
et, dès la fin de l'an dernier, je tentai de
l'exécuter ; mais les événemens ne me
le permirent pas.

Loin de moi toutefois la prétention
de croire fermement que mes remarques
seront accueillies ; je les présente parce
que je les crois utiles, et j'ai seulement
la persuasion que, sous un gouvernement
qui tend essentiellement au bonheur du
peuple, elles seront au moins discutées ;
afin de juger de leur mérite, et d'y faire
droit, s'il y a lieu.

J'ai fait précéder ces observations
d'une Histoire du Notariat : les sciences
ont leur histoire ; j'ai pensé que le Notariat qui tient un rang si important dans
l'ordre social méritoit bien qu'on fît
l'histoire de ses commencemens, de ses
progrès, et des modifications qu'il a subies

I..

jusqu'à ce jour. Les amis des sciences en général, et en particulier ceux qui sont attachés à leur profession, aiment à en connoître l'origine; les motifs de leur institution primitive , et les variations qu'elles ont éprouvées ne sont pas sans utilité pour ceux qui, par état, se font un devoir d'exercer continuellement leur raison.

Mon but dans cette Histoire n'a pas été de faire un recueil des édits , ordonnances, arrêts et lois qui ont trait au Notariat ; je me suis borné à prendre la substance des lois qui m'ont paru les plus propres à faire connoître les divers principes qui ont tour à tour régi cette institution , et j'ai tâché de les classer de manière à en former un ensemble qui eût un peu de suite.

HISTOIRE
DU NOTARIAT.

PREMIÈRE PARTIE.

Histoire du Notariat.

CHAPITRE Ier.

De l'Origine de l'Institution des Notaires.

LA nécessité de constater par un écrit authentique les traités et conventions des hommes, afin d'en conserver le souvenir, d'en assurer l'exécution, et de prévenir les détours de la mauvaise foi, est sans doute la principale, et peut-être l'unique cause de l'institution des notaires.

Les actes et contrats qu'ils reçoivent, et auxquels ces fonctionnaires donnent le caractère d'authenticité attaché par la loi à leurs fonctions, conservés par eux comme un dépôt sacré, assurent aux particuliers la paisible possession des biens qu'ils ont légalement acquis, et la conservation des droits des familles dont la filiation, sans ces titres, ne sauroit être établie que par une tradition orale souvent fautive, infidèle, et insuffisante même, malgré les actes de l'état civil : sans eux, les hommes, continuellement en guerre pour l'exécution de leurs traités, seroient réduits à présenter des témoins pour les prouver, ou à faire valoir un écrit privé dont la rédaction, le plus souvent obscure, les exposeroit à perdre le fruit de leurs travaux et de leurs soins, soit par la mauvaise foi de l'un des contractans, soit parce que ses héritiers,

n'ayant aucune connoissance de la convention, ne pourroient s'en rapporter qu'au
sens que l'on donneroit au titre privé, dont
d'ailleurs ils pourroient ne pas connoître
ou feindre de méconnoître l'écriture : de là
cette vérification assez souvent impossible,
et presque toujours trompeuse, surtout
quand les parties ne savent que signer. Les
hommes doux et probes seroient d'abord
victimes ; mais bientôt, dupes de leur
bonne foi, la nécessité les rendroit plus
attentifs : ils useroient, comme les autres,
de ruses et de subterfuges, et la société
toute entière ne seroit bientôt plus qu'un
rassemblement de fripons : admirable
institution qui, en faisant partager aux
citoyens que leurs lumières et leur probité
en ont rendus dignes, les attributions du
Souverain dont ils sont véritablement les
mandataires, entretient la paix parmi les
hommes, prévient les différends, concilie
les intérêts divisés, et met un frein à la
cupidité de ceux qui, égarés par les passions

attachées à l'espèce humaine, tenteroient
de violer leurs conventions (1)!

Le titre de notaire a été inconnu chez
plusieurs peuples de l'antiquité. La plûpart
des conventions n'étoient alors que verbales, et l'on en faisoit la preuve par
témoins ; ou, si l'on rédigeoit le contrat
par écrit, il ne tiroit ordinairement son
authenticité que de la signature ou du
sceau, et de la présence d'un certain
nombre de témoins qui, pour plus de
sûreté, apposoient aussi leurs sceaux.

Il y avoit pourtant certains actes qui
étoient reçus par un scribe ou écrivain
public, ou qui étoient cachetés du sceau
public.

Sans nous arrêter à ce qui se pratiquoit

_____

(1) *Periret omnis judiciorum vis, nisi essent notarii,
qui acta conscriberent ; periret ipsa veritas et fides in
contractibus et commerciis ; periret omnis ordo in judicio
forensium causarum, nisi esset aliqua fidelis publicaque
persona, cui judex crederet.*

(CHASSANÉE, *in Catalogo gloriæ mundi.*)

chez les anciens peuples, notre dessein n'étant que de faire connoître l'état du notariat en France, il faut dire qu'avant l'invasion des Romains dans les Gaules, toute cette contrée étoit divisée entre plusieurs petits peuples, indépendans les uns des autres, dont les noms sont demeurés pour la plupart aux villes qui en étoient les capitales, comme Paris, Sens, Tours, et grand nombre d'autres; il n'y avoit que deux sortes de personnes qui fussent en quelque considération : les Druides et les Chevaliers. Le reste du peuple étoit dans une espèce de servitude. Les Druides avoient la conduite de tout ce qui regardoit la religion et les études; et rendoient la justice, même en matière criminelle, dans de grandes assemblées qui se tenoient tous les ans : leur autorité étoit sans bornes. Les Chevaliers portoient tous les armes, et alloient tous à la guerre quand il y en avoit : ce qui arrivoit entre ces petits États presque tous les ans.

On conçoit que, dans des États aussi peu nombreux, et dont les habitans vivoient dans une sorte d'esclavage, les conventions dont on devoit garder le souvenir étoient peu fréquentes, et surtout trop peu importantes, pour qu'on se fût mis en peine de créer des officiers pour les recevoir et les conserver en dépôt : aussi ne trouve-t-on rien qui ait trait à cet établissement parmi les premiers Gaulois, et l'on ne peut pas dire de quelle manière les conventions se faisoient ; il y a tout lieu de croire cependant qu'elles avoient lieu par témoins, comme chez les anciens peuples.

A mesure que les Romains étendirent leurs conquêtes dans les Gaules, leur langue, leurs mœurs et leurs lois s'y établirent comme dans les autres pays ; car tout l'empire romain ne faisoit qu'un grand corps gouverné par un même esprit, et dont toutes les parties étoient unies par leurs besoins mutuels.

Les institutions des Romains durent

nécessairement être appliquées aux Gaulois qui pendant cinq cents ans furent gouvernés par les lois de l'empire romain, dont ils étoient devenus les sujets par la conquête que fit César de la Gaule toute entière, environ cinquante ans avant la naissance de Jésus-Christ : Mérouée, le premier des Français qui fut puissant dans les Gaules, ne s'y établit qu'après l'an 450 de l'Incarnation.

Il paroît certain que, quand les Francs assujétirent les Gaulois, ils les trouvèrent tous Romains, parlant latin, et vivant sous les lois romaines qui continuèrent d'y être observées sous les rois de la première et de la seconde race, mais avec les lois barbares et les capitulaires des rois, c'est-à-dire les décisions des grandes assemblées que les rois de la première race tenoient tous les ans pour y traiter les affaires publiques. Les propositions et les décisions étoient rédigées succinctement et par articles ; on les appeloit chapitres, et le recueil de plusieurs chapitres s'appeloit *capitulaire*.

C'est donc dans les établissemens des Romains que nous devons trouver les premiers élémens de l'institution du notariat en France, où elle a depuis subi de nombreuses modifications qui l'ont appropriée aux temps et à nos besoins, et que nous nous proposons de faire connoître dans cette Histoire.

On connoissoit à Rome plusieurs sortes de personnes dont la profession étoit de rédiger ou d'écrire des actes : les notaires, *notarii*, ainsi appelés des notes ou abréviations dont ils faisoient usage pour écrire avec célérité ; ceux qui mettoient au net les rôles des tributs ou impôts, s'appeloient *tabularii* : les tabellions, *tabelliones*, rédigeoient les conventions des parties ; ils tiroient leur nom du mot *tabellæ*, qui signifioit en même temps et le contrat et le papier, ou la charte sur laquelle l'acte étoit écrit.

Il y avoit aussi les argentiers, *argentarii*, qui faisoient prêter de l'argent, donnoient

reconnoissance de la somme qu'ils étoient
censés avoir reçue, quoiqu'elle n'eût pas
encore été délivrée : ils inscrivoient sur
leur livre, appelé *kalendarium*, le nom du
créancier et du débiteur ; ce livre étoit
public, et faisoit foi en justice ; et cette
simple inscription qu'ils avoient faite des
noms des parties contractantes, formoit ce
qu'ils nommoient *litterarum seu nominum
obligatio.*

Leur ministère étoit public, comme l'a
remarqué Cujas, et ils devoient donner
communication de ce *kalendarium* à tous
ceux qui y avoient intérêt. En cas de refus,
ils pouvoient y être contraints, *actione in
factum prætoriâ*, qui avoit été introduite
spécialement contre eux à cet effet.

Ces argentiers étoient des banquiers et
changeurs, qui faisoient trafic d'argent, et
se mêloient en même temps de négocier les
affaires des particuliers, seulement en ce
qui concernoit les prêts, dépôts et autres
négociations d'argent. Ils étoient aussi

connus chez les Athéniens ; comme le témoigne Aristote.

La forme requise dans les livres qu'ils tenoient consistoit à indiquer le jour et le
consulat, c'est-à-dire l'année où l'affaire
s'étoit passée.

Les particuliers avoient privilége sur les
biens des argentiers pour les fonds qu'ils
leur avoient déposés à titre de confiance,
et comme dans un lieu de sûreté, sans intention d'en tirer aucun lucre ; autrement,
ce privilége n'existoit point s'ils avoient
remis leur argent pour en tirer intérêt,
comme on le voit dans la loi *si Ventri.* ff *de*
rebus autorit. jud. possid.

Mais les notaires et les tabellions étoient
réellement les officiers publics légalement
reconnus pour recevoir les contrats et les
autres actes publics ; et il y a tout lieu de
croire qu'ils pouvoient aussi, comme les
argentiers, recevoir les conventions relatives au prêt d'argent, lorsque les particuliers s'adressoient à eux ; d'ailleurs on voit

au titre 22 des Institutes, *de litterarum obligationibus*, que ce mode de contracter devant les argentiers n'existoit déjà plus du temps de Justinien.

Les fonctions de notaire et de tabellion étoient distinctes : le notaire étoit, à proprement parler, le teneur de notes; ce titre étoit commun à tous ceux qui écrivoient sous autrui soit les sentences, soit les contrats. Le tabellion, dont le notaire pouvoit être considéré comme le clerc, rédigeoit les notes en forme de contrat, qui seul étoit obligatoire; car, tant que les notes n'avoient pas été mises au net, les parties pouvoient se rétracter.

Ces fonctions étoient gratuites, et chaque citoyen, ayant sans doute la capacité requise, les exerçoit à son tour, comme des charges publiques que chacun devoit partager.

Elles étoient au nombre des charges honorables; les notaires étoient élus dans les villes de même que les juges, et leurs fonctions étoient mises au rang des charges municipales: aussi falloit-il que ceux qu'on choisissoit pour exercer ces emplois fussent des hommes d'une probité reconnue, qu'ils eussent étudié les lois, et qu'ils fussent versés dans l'art de parler et d'écrire.

Les notaires et les tabellions jouissoient d'un grand crédit ; ils formoient un corps ou collége entre eux. Justinien leur donne le nom de *judices chartularii*, juges cartulaires, parce que réellement ils étoient tout à la fois juges et greffiers: c'est ce qui fait que, dans plusieurs provinces de la France, les notaires sont encore en usage d'insérer dans leurs actes, qu'ils ont jugé et condamné les parties de leur consentement, à remplir leurs conventions.

A l'égard des formalités usitées dans la confection des actes devant notaires, la novelle 44 nous apprend qu'ils se faisoient en présence de témoins. Le notaire, ou clerc du tabellion, prenoit d'abord note des conventions des parties : ce n'étoit alors

qu'un projet d'acte qu'on nommoit *scheda*,
et qui n'étoit point obligatoire. Le tabellion
rédigeoit ces notes, en développoit le sens :
ce qui s'appeloit *complectio contractûs ;*
après quoi les parties approuvoient l'acte
en écrivant au bas du contrat qu'elles l'a-
voient pour agréable, et y apposoient leur
sceau ou cachet particulier. Si elles ne savoient pas écrire, un ami étoit reçu à écrire
pour elles, ou bien le tabellion lui-même.
Celui-ci ne signoit pas le contrat, il suffisoit
qu'il l'écrivît tout entier ; les témoins n'é-
toient pas non plus obligés de signer : la
mention de leur présence étoit tout ce
qu'on exigeoit. Il paroît néanmoins que
dans l'usage les témoins souscrivoient et
scelloient l'acte de leurs sceaux. Le tabellion délivroit le contrat, sans tenir aucun
registre de cette délivrance ; la note sur
laquelle il avoit été dressé, n'étoit plus
qu'un canevas inutile, qu'on ne prenoit
aucun soin de conserver.

C'est avec des contrats et des actes

revêtus de pareilles formes qu'on se présentoit devant le Préteur, lorsqu'il sur-
venoit quelques contestations.

Tel étoit en peu de mots l'état du notariat à Rome, et l'on ne peut douter que
les Gaules ne furent régies par les mêmes
principes pendant tout le temps qu'elles
sont restées sous la domination de l'empire
romain ; car tous les gouverneurs des provinces et tous leurs officiers, jusqu'aux
appariteurs, étoient Romains, et leurs
emplois duroient si peu que le séjour des
provinces ne pouvoit faire en eux de changemens considérables.

CHAPITRE II.

Du Notariat, sous les deux premières races de nos Rois.

LA monarchie française commença, comme on le sait, vers l'an 420, sous Phara-mond ; mais son gouvernement et celui de Clodion son successeur, furent incertains, à cause des guerres qu'ils eurent à soutenir contre les Romains qui leur disputoient les Gaules, et ce ne fut qu'en 450 que Mérouée parvint à s'établir paisiblement dans cette contrée.

Les Francs et les autres Barbares con-quérans y apportèrent un nouveau droit ; mais, comme ils n'étoient point en état de rédiger ce qu'ils savoient dans leur langue,

2

leurs lois n'ont été écrites qu'en latin par
des Romains, après leur établissement et
leur conversion à la religion chrétienne.
Dans le principe, ils n'avoient que des coutumes qui leur tenoient lieu de lois, et
qu'ils observoient dans les jugemens. Leur
manière de vivre, ne leur donnant pas
grande matière de procès, ne nécessitoit
pas non plus d'observer beaucoup de formalités.

Tacite, dans son traité *De Moribus
Germanorum*, nous apprend quels étoient
les usages et les mœurs de ces peuples
venus de la Germanie : la guerre et la
chasse faisoient leur occupation ; ils n'a-
voient ni habitudes fixes, ni d'autres biens
que des bestiaux ; leurs différends ordinaires n'étoient que pour des disputes ou
pour des vols, et on les décidoit dans des
assemblées publiques, ou sur les dépo-
sitions des témoins produits sur-le-champ,
ou par le duel ou par les épreuves de l'eau
et du feu. Les Romains, quoique soumis

à ces Barbares par la force des armes, ne les imitoient en rien, et en avoient horreur. D'ailleurs, les Barbares qui ne voyoient dans leurs conquêtes que du butin, afin de vivre plus commodément que chez eux, se mettoient peu en peine de dicter des lois et d'acquérir de la gloire. Contens d'être les maîtres, ils laissoient vivre les Romains à leur guise; bien plus, ils imitoient les mœurs romaines que leurs pères admiroient depuis long-temps. Aussi nos premiers rois gardèrent-ils les noms des officiers romains, et appelèrent, comme eux, les gouverneurs de leurs provinces ducs, comtes, vicaires, et ceux qui servoient auprès de leur personne, chanceliers, rélé- rendaires, et en général palatins.

C'étoit néanmoins encore deux peuples différens de langue, d'habits, de cou- tumes, et leur distinction semble avoir duré en France pendant les deux pre- mières races de nos rois : elle se conserva particulièrement dans les lois ; et, comme on étoit obligé de rendre justice à chacun selon la loi sous laquelle il étoit né, ou qu'il avoit choisie, car ce choix étoit permis, on jugea nécessaire de rédiger par écrit les lois, ou plutôt les coutumes des Barbares.

Puisque les Gaulois eurent la liberté de vivre selon leurs lois, qu'ils avoient reçues des Romains, et qu'ils y vécurent en effet, on doit en conclure que tout ce que nous avons dit sur les usages des Romains par rapport au notariat, continua d'être usité dans la Gaule devenue France, et que ce ne fut que par succession de temps que la nation toute entière se rangea sous les mêmes lois.

Si l'on ne trouve aucun monument qui atteste cette vérité, c'est que d'après la manière dont les Romains faisoient les actes, il n'en restoit aucune trace, et que d'ailleurs, ce mode étant inconnu au gouvernement qui s'établissoit, personne ne prit la peine d'en conserver la tradition ;

mais on ne doit pas moins tenir pour
certain (et la raison et le bon sens l'in-
diquent) que les pratiques et les usages
des Romains restèrent en France jusqu'à
ce que les Rois fussent assez puissans pour
y donner des lois.

Ce qu'il y a de certain , c'est que dès
le commencement de la monarchie il y
eut des notaires en France. Le roi avoit
ses notaires ou secrétaires qui expédioient
les actes de sa chancellerie ; mais il faut
convenir qu'on ne voit pas que les Francs
aient suivi les usages des Romains dans la
rédaction et la forme des contrats : il y a
tout lieu de présumer que pendant long-
temps les Français, primitivement Gaulois,
suivirent leurs anciens usages , et que les
Francs proprement dits ne parvinrent à
faire adopter leurs coutumes qu'en les
accommodant à celles des Romains dont
d'ailleurs ils suivirent constamment les lois.

On ne voit point dans les capitulaires
des rois de la première race de dispo-

sitions qui aient fixé les fonctions des notaires, et surtout leur caractère; dans ceux
de Dagobert, vers l'an 63o, on rappelle
les coutumes des Ripuaires, des Allemands
et des Bavarois, suivant lesquelles les conventions se faisoient par de simples écrits
privés, par des lettres, ou se prouvoient
par témoins. Marculphe qui écrivoit sous
le règne de Clovis II, dans le septième
siècle, nous a laissé les formules d'un grand
nombre d'actes et contrats où il est fait
mention qu'un notaire a été appelé pour
les écrire; cette circonstance seule, qu'on
ne peut révoquer en doute, suffit pour
assurer qu'il existoit des notaires.

Un capitulaire de Charlemagne qui le
premier fit rassembler toutes les coutumes
de France, de l'an 8o3, ordonne aux
envoyés du roi de nommer des notaires
dans chaque lieu : *Ut Missi nostri Sca-
binos, Advocatos, Notarios per singula
loca eligant.*

On retrouve les mêmes dispositions dans un capitulaire de 828.

Les évêques, les abbés et les comtes devoient aussi avoir chacun leur notaire, sans doute pour expédier les actes de leur juridiction : *De Notarsii ut unusquisque Episcopus et Abba et singuli Comites, suum Notarium habeant.*

Mais on passoit alors peu d'actes par écrit ; l'ignorance étoit si grande que peu de personnes savoient écrire : la plupart des conventions n'étoient que verbales ; pour y donner plus de force, on les faisoit en présence de témoins.

Lorsqu'il s'agissoit d'actes importans que l'on vouloit rédiger par écrit, on les passoit assez ordinairement en présence et sous l'autorité des comtes ou des évêques ; et il est à croire que les notaires de ceux-ci étoient employés à écrire les actes, mais ils ne les recevoient point, comme officiers publics : ils prê- toient seulement leurs mains, soit comme

secrétaires de celui en présence duquel
on contractoit, soit comme personnes
versées dans l'écriture ; et l'acte ne tiroit
sa force et son authenticité, que du sceau
qui y étoit apposé, et de la présence
des témoins que l'on y appeloit.

Les notaires s'appeloient aussi chanceliers, ainsi que nous le voyons dans
un capitulaire de Lothaire, qui explique
en même temps la manière dont ils
devoient assurer l'authenticité des actes
qu'ils alloient recevoir chez les personnes
infirmes : *De cancellariis qui veraces electi
sunt ad homines infirmos veniant, et
secundum legem instrumenta chartarum
conscribant et à testibus roborentur, et
statim cùm scripta charta fuerit, osten-
datur ante episcopum, et comitem sive
judicem vel vicarios, aut in plebe, ut veraces
agnoscantur esse.*

Le même capitulaire défend aux notaires
de passer d'un comté dans un autre, sans
en avoir obtenu la permission du comte

dans le district duquel ils doivent résider :
*Nec de uno comitatu in alium nisi per
licentiam illius comitis in cujus comitatu
stare debent.*

Les devoirs des notaires se trouvent tra-
cés dans cette même loi : ils devoient être
instruits, de bonne réputation, et prêter
serment de ne faire aucun faux, et de ne
favoriser aucune fraude. *Similiter et Notarii
legibus eruditi et bonæ opinionis consti-
tuantur, et jusjurandum præbeant ut nulla-
tenùs falsitatem et colludium scriban, et
qui hoc fecisse præterito tempore inventus
fuerit, præsentialiter damnetur et perdat
manum.*

Quant à la forme, les actes ressem-
bloient à des écrits privés; ils ne font point
mention de celui qui les reçoit; quelquefois cependant on dit que l'acte a été écrit
par un notaire. Au surplus nous croyons
faire plaisir à nos lecteurs en transcrivant
ici une formule qui les mettra à portée de
juger par eux-mêmes de la forme des

des actes, bien mieux que par ce que nous pourrions en dire :

VENDITIO DE CAMPO.

« *Domino fratri illo ille. Constat me tibi vendidisse, et ita vendidi Campo juris mei, situm in territorio illo, habentem plus minùs tantùm, qui subjungit à latere uno lui, ab alio latere lui, à fronte uno illo, ab alio verò illius. Et accepi à vobis in pretium, juxta quod mihi complacuit, auri solidos tantos; et ipso Campo nobis præsentialiter tradidi possidendum, habendi vel quicquid exinde si volueris faciendi liberam habeas potestatem. Si quis verò. Et cætera. »*

XXI formul. Marculf. in Capitul. Regum Francorum.

On terminoit aussi les actes par ces mots : *Actum illo, sub die illo, anno illo.*

Les testamens portoient en tête la date,

le lieu, l'année, le nom du roi régnant;
le testateur se disoit sain d'esprit et agir
librement, etc.

Il est vraisemblable que l'on gardoit
minute des actes, soit séparément, soit
dans un protocole, puisque les modèles
nous sont parvenus.

Il résulte de tout ce qu'on vient de
dire, que, sous les deux premières races
de nos rois, les fonctions des notaires ne
furent pas bien caractérisées; que les
notaires étoient bien employés pour écrire
les actes et les conventions des particuliers, mais plutôt comme scribes et secrétaires, que comme officiers publics; que,
s'ils étoient choisis par les délégués du
roi, comme on l'a vu dans un capitulaire
de Charlemagne, et si l'on exigeoit d'eux
certaines qualités, comme le fait entendre
le capitulaire de Lothaire ci-dessus cité,
c'est qu'il importoit à ceux sous lesquels
ils écrivoient, qu'ils fussent doués de
probité. Du reste, l'on ne voit pas qu'il

existât des notaires et des tabellions
comme à Rome, encore bien que cette
distinction ait eu lieu par la suite, comme
on le dira ailleurs. On ne sait pas non
plus si leurs emplois furent gratuits ou
salariés ; il est cependant probable qu'é-
tant les secrétaires des seigneurs ou des
évêques, ils en recevoient un traitement,
car il falloit qu'ils vécussent ; enfin, sur
tous ces points de notre histoire nous
sommes moins instruits que sur celle
des Romains.

Il faut pourtant tenir pour certain que
tous les emplois étant alors exercés par
des hommes lettrés, tous Romains et clercs,
car les laïques étoient dans la plus grande
ignorance, les actes écrits en latin, durent
avoir beaucoup de ressemblance avec
ceux des notaires et tabellions romains,
surtout si l'on considère que les lois romaines furent entièrement adoptées par
les Francs ; et que la seule différence,
c'est que les notaires français n'étoient

point; comme à Rome, fonctionnaires
publics; mais cette différence ne gisoit
réellement que dans les mots, car les
actes des uns et des autres faisoient également foi en justice. On peut dire simplement que les notaires et tabellions romains faisoient foi, par eux-mêmes et
par leur seule écriture, du contenu en
l'acte, au lieu que les notaires français
avoient besoin de la présence du seigneur,
dont ils dépendoient, pour donner créance
à leur écriture; seuls ils ne pouvoient rien:
sans eux le seigneur ne pouvoit rien non
plus, quand bien même il eût su écrire
et rédiger des conventions, car le notaire
qui étoit nommé *ad hoc*, étoit personne
nécessaire et indispensable pour la validité
du contrat.

Il y a même lieu de croire que le notaire pouvoit aussi seul recevoir des actes:
parmi les formules de Marculphe, on en
trouve une, entr'autres, où un mari et sa
femme disent avoir fait leur testament

qu'ils ont fait écrire au notaire : *Testa-*
mentum nostrum condidimus quod illi
notario scribendum commisimus. Il ne
paroît pas que le seigneur ou tout autre
personne soit intervenu , et cette forme
d'écrit privé n'empêche pas que le notaire
n'ait été l'instrument qui seul a validé le
testament.

Si ces diverses circonstances n'établissent
pas une similitude parfaite entre l'institution des notaires à Rome et dans la
Gaule devenue France , on conviendra
du moins qu'il y a une telle analogie ;
qu'il n'est pas permis de douter que les
Romains n'aient été en cela nos maîtres,
comme en bien d'autres choses.

CHAPITRE III.

Du Notariat sous la troisième race, pendant la Révolution et depuis, jusqu'à la loi du 25 ventose an XI.

SECTION Iʳᵉ.

De la première création de Notaires en titre d'office.

DANS des siècles où les personnes les plus considérables de l'Etat s'honoroient de ne savoir pas écrire, et où l'on rangeoit au nombre des preuves judiciaires l'événement d'un duel, il devoit se passer bien peu d'actes; il s'en passoit cependant, et il falloit des personnes pour les rédiger.

Beaumanoir, chap. 35 des Coutumes de Beauvoisis, nous donne une idée bien précise des manières, dont les obligations pouvoient alors se former ; ce chapitre est intitulé : *De soi obligier par lettres, et qui eix-lettres valent, et qui eix non*, etc.

Nous y voyons ~~trois~~ manières de s'obliger par lettres, qui étoient anciennement usitées, la première sous le sceau privé de chaque gentilhomme. *Entre gentils-hommes de leurs sceaux, car ils pueent fere obligations contre aux, par le témoignage de leurs sceaux.*

Cette première manière ne pouvoit convenir qu'aux gentilshommes, parce que seuls ils pouvoient avoir des sceaux.

La seconde, qui convenoit à tout le monde se formoit en présence, et sous le sceau du seigneur : *Si est que tuit gentilhomme et homme de poote, si pueent*

moult faire reçonnoissance de leurs
marchées ou de leurs convenanc hes par-
devant le seigneur dessous qui ils sont
couchans ou levans.

Enfin, la troisième se contractoit par-
devant l'évêque, et sous son sceau : *la
tierce manière si est pardevant leur ordinaire de la crétieneté.*

C'est à l'une de ces trois espèces, que
se rapportent toutes les obligations de cette
époque; elles furent contractées, ou sous le
sceau privé des gentilshommes, ou devant
les seigneurs, ou devant les évêques. Mais
les seigneurs et les évêques, ne pouvant ou
ne voulant vaquer par eux mêmes à recevoir
les contrats des parties, avoient substitué à
leurs places leurs baillis, ou prévôts; et ceux-
ci, qui avoient déjà des clercs ou greffiers
pour expédier les actes émanés de
leurs juridictions, confioient à ces mêmes
clercs les fonctions de notaires : c'est à eux
qu'ils avoient remis la garde du sceau de
leur juridiction, ou plutôt de leur sceau

particulier, et c'est par l'apposition de ce
même sceau qu'on assuroit aux actes l'authenticité et l'exécution. Le notaire, ou
celui qui en faisoit les fonctions, se bor-
noit à écrire l'instrument; il n'y faisoit
aucune mention de sa personne.

Cet usage de cumuler les fonctions de
greffiers et de notaires, usage qui devoit
sans doute son origine au petit nombre
d'actes qui se passoient alors, s'est soutenu pendant le treizième et même jusque
dans le quatorzième siècle. Le recueil des
ordonnances du Louvre nous en présente
un grand nombre, dans lesquels les fonctions
de ces officiers sont confondues : dans un
règlement de Philippe-le-Bel, du mois
de novembre 1302, concernant les officiers du Châtelet, il est défendu aux notaires qui écriroient les chartes et les sentences, de recevoir plus que la taxe : « Li
notaires du Châtelet, qui écriront les
chartes, les sentences ou autres procès,
ou mandemens de justice, ne pourront

prendre pour l'écriture for que le salaire établi etc. » Et dans une autre ordonnance du mois de juillet 1304, il est défendu, article 13, aux notaires des cours, de transcrire les procès dans leurs protocoles particuliers, et il leur est enjoint de les mettre dans les registres desdites cours : *Item notarii curiarum processus curiæ, vel præcepta in suis propriis cartulariis non ponant, sed in registris curiæ redigent integrè, diligenter et fideliter conservabunt,* etc.

Il résulte de ce qu'on vient de dire, que, sous les premiers rois de la troisième race, les notaires en France n'étoient pas, à proprement parler, des officiers publics : ils étoient clercs ou commis des baillis et prévôts, et ils écrivoient et rédigeoient, en cette qualité, des actes qu'ils ne signoient même pas.

Cet abus tiroit peut-être sa source d'un autre qui n'étoit pas moins fâcheux, de l'usage ou l'on étoit de vendre les baillies et les prévôtés ; ceux qui les achetoient, ou les revendoient s'ils y trouvoient un bénéfice, ou les exploitoient eux-mêmes : dans tous les cas, on donnoit, au plus offrant, le droit d'écrire les actes de la juridiction, et les conventions des particuliers.

Saint-Louis, voulant remédier aux désordres qui régnoient dans l'administration de la justice, et les circonstances ne lui permettant pas de le faire dans tous ses États, voulut du moins en couper la racine dans la principale ville de son royaume, dans sa capitale ; *si ne voulut plus*, dit Joinville dans l'Histoire de ce prince, *que la prévôté fût vendue*. Il fit choix d'Etienne Boileau, l'homme le plus intègre et le plus incorruptible de son siècle, pour l'exercer.

Boileau se montra digne de la confiance de saint Louis ; il fut l'auteur d'une foule de sages réglemens donnés à tous les corps et communautés de la ville ; c'est à l'époque de sa prévôté, que quelques uns

reportent la création des notaires au Châ-
telét de Paris, en titre d'office.

A l'appui de cette opinion, on cite
de la Marre, qui dit, en son Traité de la
Police, que saint Louis, voulant débar-
rasser le prévôt de Paris de ce qui pouvoit avoir quelque rapport à la finance,
(il recevoit les droits des expéditions
des notaires, et en rendoit compte au roi),
créa soixante notaires en titre d'office,
pour recevoir tous les actes volontaires de sa
juridiction. Il avance ce fait sur la foi de
Joinville en son Histoire de saint Louis;
de la Chronique de saint Denis, de Ni-
colas, Gilles et Gaguin, Histoire de saint
Louis, et de Loiseau en son Traité des
Offices. De la Marre ajoute que, d'a-
près les ordonnances qui furent portées
ensuite, touchant les fonctions des notaires ainsi créés, afin de rendre leurs
actes authentiques et exécutoires, sans
avoir recours à aucune autre autorité, ces
officiers étoient obligés, 1°. d'être assidus

dans leurs fonctions ; 2°. de ne passer aucun acte que dans le Châtelet, où ils avoient une salle pour mettre leurs bureaux ; 3°. d'intituler tous leurs actes du nom du magistrat, et de ne parler d'eux qu'en tierce personne ; 4°. les deux notaires qui avoient reçu l'acte devoient le porter, ensemble, au scelleur, qui avoit aussi son bureau proche leur salle, afin que, sur leur témoignage, cet officier y apposât, sous l'autorité du prévôt de Paris, le sceau de la juridiction ; 5°. enfin, ils devoient, sur leurs émolumens, en payer au roi les trois quarts, que le scelleur remettoit ensuite au receveur du domaine, pour en compter à la chambre des comptes.

Dom Félibien, dans son Histoire de Paris, avance que « saint Louis créa soixante notaires, en titre d'office, pour écrire tous les actes de juridiction, et que ces soixante notaires prirent la qualité de notaires jurés parce qu'ils avoient serment en justice. »

Brunet, Mézerai et autres partagent aussi ce sentiment.

Le père Mabillon, dans sa Diplomatique, assure n'avoir trouvé aucun acte passé devant notaires, comme officiers publics avant l'an 1270, mais il n'indique point la résidence de ses notaires, et l'on ne peut pas en conclure que ce fut à Paris plutôt qu'ailleurs, surtout lorsqu'on voit dans le nouveau Traité de Diplomatique, un acte du milieu du treizième siècle, dressé et signé par deux notaires publics de Marseille.

Ce qui doit particulièrement bien affoiblir le témoignage des auteurs que nous venons de citer, c'est que Langloix, dans son Traité des Droits et Priviléges des notaires au Châtelet de Paris, n'a point voulu fixer l'époque de l'établissement de ces notaires, et certes, lui-même, faisant partie de cette compagnie, n'eût pas manqué pour donner du relief à son corps, d'en placer l'institution en titre d'office à une

époque bien antérieure à celles des autres
notaires du royaume, s'il avoit pu rapporter la preuve qu'en 1270 saint Louis
eût créé soixante notaires à Paris, en
titre d'office, comme l'ont avancé quelques
auteurs : mais il ne trouve dans les
chartres de la compagnie aucun acte de
ce genre; et il se borne à dire qu'il y
a tout lieu de présumer que les notaires
au Châtelet de Paris sont de même date
que la juridiction dont ils sont membres,
et qui est une des plus anciennes du royaume. Langloix ajoute même, que le nombre
des notaires, qui étoit resté indéterminé
jusqu'à la fin du treizième siècle, fut
réduit et fixé à soixante, par lettres-patentes de Philippe-le-Bel; d'où l'on peut
inférer que la création de soixante notaires en titre d'office au Châtelet de
Paris par saint Louis, est au moins équi-
voque.

Quoi qu'il en soit, il est certain que
les notaires furent érigés en titre d'office

par Philippe-le-Bel en l'an 1300, d'une manière générale, en se réservant le droit exclusif à lui, et aux rois ses successeurs, de créer et instituer des notaires, droit qu'il ôta aux sénéchaux et baillis, comme on le voit par son ordonnance du 23 mars 1302; et qu'ensuite ce prince posa les statuts primitifs du notariat par une ordonnance du mois de juillet 1304, dont voici les dispositions principales :

L'art. 1er oblige les notaires d'avoir un registre, ou protocole, sur lequel ils portoient les conventions des particuliers, non pas par abréviations et simples notes, mais en substance, et comme les parties les avoient entendues. Ils étoient tenus de leur en donner lecture ; après quoi, l'on faisoit des corrections s'il étoit né-cessaire.

Cet acte qui n'étoit que la substance de la convention étoit ensuite rédigé d'une manière plus étendue sur un papier sé-paré, c'étoit ce qu'on appeloit la grosse que l'on délivroit à la partie qui y avoit droit ; ensuite le protocole étoit bâtonné, ou l'on faisoit mention que la grosse avoit été délivrée. Il ne pouvoit être délivré à la même partie, une seconde grosse, sans ordre supérieur, à moins qu'on fût convenu du contraire par l'acte même.

Il étoit défendu aux notaires de recevoir aucun acte contraire aux lois et aux usages, et il leur étoit prescrit de se consulter lorsqu'ils ne se croyoient pas assez d'instruction pour la rédaction des actes dont on les chargeoit, ou lorsque les affaires qu'ils avoient à traiter présentoient quelques difficultés, et faisoient question.

L'art. 17 veut qu'on ne puisse nommer notaires que des hommes doués d'intelligence et de capacité, habitués à l'art d'écrire, et après s'être assuré de leur bonne moralité.

Les notaires devoient tenir leur état

à honneur, et il leur étoit défendu de se livrer à des emplois vils, à peine d'être privés de leur titre.

Les charges de notaires, après leur mort, étoient déférées à leurs fils, si pourtant ils étoient jugés capables de les remplir, c'est-à-dire, que la préférence leur en étoit accordée; en cas de refus, ou à défaut de capacité du fils, les protocoles étoient remis en dépôt à un autre notaire, pour ce commis, pour faire et délivrer aux parties les grosses des contrats : il en recevoit les émolumens dont il s'attribuoit moitié, l'autre moitié étoit remise aux héritiers ou légataires du notaire décédé.

Il existoit aussi en France des tabellions, mais à la différence des tabellions romains, qui, comme on l'a vu (chapitre Ier), étoient véritablement les notaires, tandis que les notaires ne pouvoient être considérés que comme des clercs; les tabellions, chez nous, n'étoient

3.

réellement que les clercs des notaires; car ils ne faisoient que délivrer les grosses et expéditions des actes faits par les notaires.

Philippe-le-Bel voulut aussi que les notaires eussent une résidence fixe, hors de laquelle ils étoient sans caractère, si ce n'est toutefois, lorsqu'ils se trouvoient par hasard en d'autres lieux, et qu'on réclamoit leur ministère; auquel cas ils pouvoient recevoir les actes pour lesquels ils étoient requis, et leur donner toute l'authenticité attachée à ceux qu'ils passoient dans leur résidence habituelle.

Au surplus, ce prince ne statua rien à l'égard des notaires et tabellions que les prélats, les barons et autres personnes étoient en possession de nommer, lesquels furent maintenus dans ce droit : c'est ce qui résulte de l'ordonnance ci-dessus citée du 23 mars 1302, portant défenses aux sénéchaux et autres d'établir des notaires, le roi réservant à lui seul ce droit, et qui ajoute : *Nolumus tamen quòd Prelatis, Baronibus e omnibus aliis Subditis nostris qui de antiquâ consuetudine in terris suis possunt Notarios facere , per hoc , prejudicium generetur.*

C'est encore ce qui résulte d'une autre ordonnance du même roi du mois de mai 1304, et de celle de Philippe-le-Long son fils , du mois de juin 1319, rendue sur les remontrances des seigneurs de l'Auvergne.

Il suit de ce qui vient d'être dit, qu'il y a eu en France, sous la troisième race de nos rois, des notaires royaux, des tabellions, des notaires seigneuriaux, et des notaires des évêques et abbés, appelés notaires apostoliques : nous jetterons un coup d'œil rapide sur ces diverses espèces.

SECTION II.

Des Notaires Royaux.

———

LES notaires royaux étoient les officiers
créés par le roi dans les justices royales,
pour recevoir les actes de tous les particuliers, quelles que fussent leurs qualités,
et en quelques lieux qu'ils eussent leur
domicile, pourvu que les actes fussent
passés dans le ressort de la juridiction où
les notaires étoient immatriculés.

On croit communément que les notaires
au Châtelet de Paris étoient les plus anciens : dès l'an 1384, leur établissement
étoit qualifié d'immémorial, suivant un
arrêt du parlement du 20 juillet de cette
année.

Toutefois les attributions de tous les
notaires royaux étoient les mêmes, et ils ne
différoient que par une juridiction volontaire plus ou moins étendue, en raison

du siége auprès duquel ils étoient immatriculés : c'est ainsi que les notaires de
Paris, Orléans et Montpellier avoient le
droit d'instrumenter par tout le royaume,
par un privilége spécial qui leur étoit
accordé, tandis que ceux des autres justices étoient obligés de se renfermer dans
les limites de la justice à laquelle ils étoient
attachés.

C'étoit une question controversée entre
les notaires de Paris et ceux d'Orléans,
de savoir si ces derniers avoient le droit
d'instrumenter à Paris. Il y a eu à cet
égard un procès et des mémoires imprimés
de part et d'autre, en 1787.

Aux statuts de l'établissement des notaires rapportés dans la section qui précède,
on en a depuis ajouté plusieurs autres.

Suivant un édit du 13 juillet 1682, il
falloit, pour être reçu notaire, professer la
religion catholique, apostolique et romaine,
et en administrer la preuve soit par certificats, soit par témoins.

L'art. 82 de l'ordonnance d'Orléans dispose que nul ne peut être reçu notaire avant l'âge de vingt-cinq ans; cependant le roi accordoit quelquefois des dispenses d'âge, surtout quand celui qui se présentoit étoit fils de notaire.

Pendant un temps, les religieux et les prêtres ont pu être notaires; mais l'ordonnance de Charles VIII du 22 décembre 1480 y a mis empêchement.

Les charges ou offices de notaires étoient dans le principe simplement à vie, comme on l'a vu; seulement au décès du titulaire on les donnoit à son fils, s'il étoit jugé capable; ensuite on les donna à ferme, puis ils furent héréditaires et vénaux : c'est surtout sous le règne de Charles VIII que la vénalité des offices commença à s'introduire entre les particuliers. Les besoins de l'Etat, sous Louis XII, firent recourir à ce moyen pour se procurer de l'argent; on créa le bureau des parties casuelles en 1522, où tous les offices furent taxés par forme de prêt et vendus ouvertement.

On appeloit *parties casuelles* la finance qui revenoit au roi des offices vénaux qui n'étoient pas héréditaires ; on donnoit aussi ce nom au bureau où se payoit cette finance.

Les titulaires étoient tenus de payer annuellement aux parties casuelles du roi le centième denier du prix de l'évaluation de leurs offices, afin de les conserver à leurs veuves et héritiers, et aussi pour jouir de la dispense des quarante jours qu'ils étoient obligés de survivre à leur résignation, suivant l'édit de François Ier : sans quoi, la charge devenoit vacante au profit du roi ; ce qu'on appeloit *tomber aux parties casuelles.* Des lettres patentes du 27 février 1780 établirent ensuite une nouvelle jurisprudence à cet égard : la peine établie précédemment pour ce défaut de paiement du centième denier fut convertie en un double droit de mutation à payer par le successeur du titulaire.

3.

Les résignations en faveur furent autorisées par Charles IX, en payant la taxe qui en seroit faite aux parties casuelles; et, en 1568, il fut permis aux officiers qui payèrent la taxe de la finance de leurs offices, de les résigner, et à leurs héritiers d'en disposer.

Les notaires furent aussi assujettis au prêt qui étoit un droit qu'on avoit depuis remplacé par celui du centième denier dont on vient de parler. Le droit d'annuel ou paulette, du nom de Paulet, son inventeur, et auquel les notaires furent pareillement assujettis, a de même été remplacé par celui du centième denier.

Pour la fixation de ce droit de centième denier, les titulaires d'offices de justice et autres furent chargés de remettre, entre les mains du contrôleur des finances, une déclaration du prix auquel ils estimoient que leurs offices devoient être fixés, et ce fut sur cette estimation que les rôles du centième denier, payable annuellement pour chaque office, durent être arrêtés.

Un édit de Louis XV du mois de février 1771 tenta d'abolir la vénalité et l'hérédité de la plupart des offices ; le roi voulut s'en réserver la libre disposition : l'évaluation des offices et le remboursement en furent ordonnés. L'évaluation se fit bien, mais il paroît que le remboursement ne s'effectua pas ; car les choses restèrent sur le même pied jusqu'à la révolution, époque où le remboursement fut ordonné, comme on aura occasion de le faire remarquer ailleurs.

Le nombre des notaires devant être en harmonie avec les besoins du public, on sentit, dès le principe, la nécessité de le fixer : Philippe-le-Bel dit , dans un mandement de l'an 1300, que depuis long-temps il avoit reconnu les inconvéniens qui résultoient de la multitude des notaires au Châtelet de Paris ; et, par douze lettres-patentes, adressées au prévôt , il ordonna de les réduire à soixante.

Par un édit du mois d'avril 1664, Louis XIV fixa le nombre des notaires royaux à vingt pour les villes capitales des provinces, dix pour les autres villes où il y avoit bailliage ou sénéchaussée, quatre pour les petites villes où il y avoit prévôté, deux pour les bourgs où il y avoit foires et marchés, et un pour les paroisses au-dessus de soixante feux.

Le même prince rendit leurs offices héréditaires, par un édit du mois de novembre 1708.

Pour obtenir une charge de notaire, l'aspirant présentoit au chancelier une procuration *ad resignandum*, en sa faveur, de la part du notaire démissionnaire, avec lequel il avoit traité de ce qu'on appeloit l'office et pratique; sur la commission qu'il obtenoit du roi, il se présentoit devant les juges du lieu où il devoit résider, et d'après l'examen, s'il étoit trouvé capable, il étoit reçu.

A Paris, il falloit, pour être reçu, justi-

fier de cinq ans de cléricature, comme
maître clerc ; dans les provinces, il n'y
avoit aucune règle à cet égard, et l'examen seul décidoit du mérite du sujet.

L'ordonnance du mois d'octobre 1535,
qui fait la règle à cet égard, vouloit qu'a-
près sa réception et sa prestation de serment
d'obéir aux lois, le notaire se fît imma-
triculer, c'est-à-dire inscrire sur la matricule du lieu, où il devoit exercer ses fonctions. Cette matricule devoit contenir le
jour de sa réception, ses noms et prénoms
et la signature dont il entendoit se servir.

Le titre de notaire royal a, de tous
temps, été fort honorable parmi nous. Nos
rois donnèrent aux notaires, à diverses
époques, des preuves de *leur* bienveillance,
notamment Louis XIV, qui, par son édit
du mois d'août 1673, créa les notaires de
Paris conseillers de Sa Majesté ; les notaires d'Orléans avoient aussi le même
titre.

Dans les cérémonies publiques, les notaires royaux portoient autrefois la robe de Palais, et ils avoient toujours le pas sur les procureurs ; une foule d'arrêts, rapportés au Répertoire de Jurisprudence, attestent ce fait.

Dans certains endroits, notamment à Paris, les notaires jouissoient de divers priviléges que nous ne rapporterons pas ici, et pour lesquels nous renvoyons au Traité de Langloix : nous nous bornerons à dire que partout les notaires étoient exempts de logement de gens de guerre, guet et garde, tutelle et curatelle, ainsi qu'il résulte de plusieurs édits.

Aux règles que devoient observer les notaires dans l'exercice de leur profession, il faut encore ajouter qu'il leur fut défendu, par un arrêt du 8 juin 1635, d'instrumenter pour leurs parens et alliés, jusqu'au degré de cousin germain inclusivement ; deux notaires, parens entr'eux jusqu'à ce degré, ne pouvoient concourir à un même acte. Aux termes des décla-

rations des 19 mars 1696, et 14 juillet
1699, ils ne pouvoient non plus écrire
d'acte sous seings-privés, à peine de deux
cents francs d'amende ; les ordonnances
les obligeoient aussi à connoître les parties
contractantes, ou du moins à s'en faire
certifier l'individualité par des témoins
connus.

Les notaires étoient sous la surveillance
du lieutenant-général dans le ressort duquel ils exerçoient leurs fonctions, et pouvoient être destitués en cas de prévarica-
tion de leur part; mais, pour le maintien
du bon ordre, et pour la conservation de
leurs droits, ils formoient entre eux dans
chaque ville une corporation connue sous
le nom de communauté.

Cette espèce d'association n'existoit que
de la volonté des notaires ; aucune loi ne
l'avoit instituée. Langloix nous apprend
que les notaires de Paris commencèrent
à s'unir en communauté, en 1300;
et, dans les chartres des notaires

d'Orléans, dont la première création remonte à l'an 1302, nous ne trouvons rien qui indique qu'il ait existé de communauté entre eux, avant l'an 1512, époque à laquelle commence le livre des assemblées et délibérations de la communauté.

De ce qu'aucune loi ne prescrivoit cette association, on doit en conclure que les règles de conduite, les statuts et réglemens n'étoient point uniformes, chaque corporation les coordonnant d'après les besoins des localités. Toutefois, ces réglemens faisoient loi, au moyen de l'homologation que leur accordoient les parlemens, dans le ressort desquels ils avoient été faits.

On peut dire, en général, qu'à la tête des communautés, il y avoit un syndic chargé de prendre soin des affaires, des droits et intérêts de chacun de ses membres et de ceux de la compagnie, de surveiller leur conduite, et de la réprimer

ou de la faire réprimer au besoin dans
des assemblées publiques : c'étoit, en peu
de mots, l'agent et le censeur de la
communauté.

A l'égard des statuts, ils régloient la
manière de tenir les assemblées, les cérémonies religieuses que la communauté
avoit coutume d'observer, les devoirs des
acquéreurs d'office de notaires, la conduite que les notaires devoient tenir entre
eux dans l'exercice de leur profession ;
on y parloit aussi d'une bourse commune
établie pour les dépenses de la communauté, etc. Mais, comme je l'ai dit, ces
statuts étoient sujets à varier d'après les
diverses localités.

A l'exception des inventaires et des
compulsoires, les notaires pouvoient recevoir toutes sortes d'actes, les dimanches
et fêtes. Il y avoit néanmoins des lieux
où l'on suivoit d'autres règles. Dans le
Cambresis, on déclaroit nuls tous les
actes datés les jours de fêtes et dimanches ;

une ordonnance du mois d'avril 1338,
défendoit aux notaires de Paris de
s'assembler les dimanches, pour y faire
leurs fonctions; et les réglemens généraux de police de la principauté de
Joinville, du 1er janvier 1735, défen-
doient aux notaires de cette principauté
de passer ou recevoir aucun contrat,
obligation ou autre acte volontaire, les
jours de dimanches et de fêtes, à peine
de nullité de ces actes, de trente livres
d'amende et des dommages et intérêts
des parties. Les testamens et autres actes
qui ne peuvent souffrir de retard,
étoient seuls exceptés de la prohibition
générale.

Pour ce qui est de la forme des actes
des notaires, il faut dire que d'abord
on écrivoit les actes sur un registre ou
protocole; les parties, les deux témoins
et le notaire, ou deux notaires, à défaut de témoins, les signoient, ou l'on
faisoit mention que les parties ne sa-

voient pas signer : ils portoient la date
du jour et de l'année, et l'indication
du lieu où ils avoient été passés (ordonnances de mars 1498, novembre
1507, décembre 1543, et article 166
de l'ordonnance de Blois). Ces registres
étoient en papier ordinaire, sans aucun
signe particulier, et il étoit défendu de
les communiquer à d'autres qu'aux parties contractantes ou à leurs ayant droit,
à moins qu'il en fût autrement ordonné
par justice (ordonnance de François Ier,
du mois d'août 1539).

A l'égard des témoins, ils n'étoient
pas tenus de savoir signer; les notaires
devoient simplement faire mention de
la réquisition par eux faite aux témoins
de signer, et de leur réponse qu'ils ne
savoient signer, comme on le voit par
l'ordonnance de Charles IX, du mois
de janvier 1560. Cependant, depuis,
une autre ordonnance de Henri III, du
mois de mai 1579, obligea les notaires

des villes et gros bourgs, d'appeler au
moins un témoin sachant signer, dans
le cas où la partie qui s'engageoit ne
pouvoit signer. Du reste, les témoins ne
pouvoient avoir moins de vingt ans
accomplis, si ce n'étoit dans les lieux
où l'on pouvoit tester avant cet âge;
ils ne pouvoient non plus être clercs
des notaires instrumentans (arrêts du
parlement des 2 juillet 1708 et 25 avril
1709).

Une ordonnance du mois de janvier
1563, défendit de rédiger les actes autrement qu'en français, à l'exception de
ceux concernant les matières ecclésiastiques, lesquels pouvoient s'écrire en
latin.

Cet usage d'écrire les actes à la suite
sur un protocole, s'est soutenu jusqu'au
commencement du dix-septième siècle;
alors on a commencé à les écrire
sur des feuilles séparées, qu'on a conservées en liasses, par année, comme

nous le voyons aujourd'hui : on a appelé l'original *minute*, *expédition* la copie, et *grosse* la copie qui devoit être mise à exécution, et qui, à cet effet, contenoit un mandement, soit du souverain, soit de ses lieutenans-généraux, et même des baillis près des différentes justices.

Dès le mois de mars 1653, Louis XIV, donna un édit, portant établissement d'une marque sur les papiers et parchemins qui devoient servir à l'expédition de tous les actes judiciaires, obligations et autres; mais il ne reçut aucune exécution. Diverses autres ordonnances furent depuis portées sur cette matière; la fleur de lis fut choisie pour marque. Un édit du mois d'août 1674, fixa l'établissement des papiers et parchemins timbrés, lequel retint la dénomination de droit de formule. Les notaires furent tenus de s'en servir; et l'article 6 de l'ordonnance de 1680, leur en fit une obligation particulière;

dès lors, leurs actes furent écrits sur papier timbré.

Autant pour l'intérêt du fisc, que pour assurer aux actes une date certaine et qui ne pût être suspecte, on imagina ensuite la formalité du contrôle qui consistoit à porter sur un registre, le dispositif sommaire d'un acte, sur lequel le commis, ou préposé, mettoit la mention de ce qu'il avoit fait, et percevoit un droit, d'après un tarif, en raison de l'importance de l'acte contrôlé.

L'époque de cet établissement remonte à l'année 1581, sous Henri III; mais l'édit de ce prince ne fut exécuté qu'en partie. Henri IV donna, au mois de juin 1606, un édit qui établissoit ce droit en Normandie. Louis XIII créa un contrôleur à Paris, par édit du mois de juin 1627; il réunit ensuite ses fonctions à ceux des notaires de cette ville : mais ce ne fut qu'en 1693, que Louis XIV donna, au mois de mars, un édit qui établit le contrôle par tout le royaume, à Paris même. Les notaires furent alors assujettis à faire contrôler tous leurs actes, sous des peines pécu- niaires, dans la quinzaine de leurs dates, et d'en payer les droits suivant les tarifs.

Les notaires de Paris furent en 1694 déchargés du droit de contrôle, en con- sidération de l'avance ou prêt, qu'ils firent à l'Etat, d'un million, dont on leur faisoit rente; en indemnité, ils payoient un droit plus fort que les autres notaires, sur les papiers et parchemins timbrés, dont ils faisoient usage. Mais cette dé- charge étoit toujours très - avantageuse pour eux, en ce que les particuliers qui auroient eu de gros droits de contrôle à payer ailleurs, alloient passer leurs actes à Paris.

L'Alsace, la Flandre, le Hainaut et l'Artois, jouissoient aussi de la franchise du contrôle, c'est ce qui résulte d'un arrêt du conseil du 10 octobre 1722.

Outre le timbre et le contrôle, les actes translatifs de propriété furent assujettis à une autre formalité, connue sous le nom d'insinuation, ou enregistrement de certaines dispositions qui devoient être rendues publiques.

Cette formalité fut introduite en France par l'art. 132 de l'ordonnance de François Ier, en 1539. Il y eut d'abord un bureau particulier, appelé greffe des insinuations; ensuite les contrôleurs réunissant les fonctions de ce bureau.

Au surplus, cette formalité ne servoit qu'à valider le contenu en l'acte, mais ne tenoit point à sa forme intrinsèque comme le timbre et le contrôle.

La perception de ces deux derniers droits ne se faisoit point comme aujourd'hui, directement au profit du trésor public: elle se donnoit à des fermiers généraux qui avoient sous eux des fermiers particuliers, lesquels commettoient des employés là où il en étoit besoin.

La marque du papier timbré portoit le nom de la généralité, où territoire dans lequel il devoit être employé, et où il étoit seul en usage, de sorte que les notaires de Paris, par exemple, qui, comme nous l'avons dit, avoient le droit d'acter par tout le royaume, étoient obligés de se servir du timbre de la généralité dans laquelle ils se trouvoient, pour l'exercice de leurs fonctions : ainsi un inventaire commencé sur du timbre de la généralité de Paris, et qui devoit se continuer dans une autre, ne pouvoit plus l'être que sur du timbre de cette dernière généralité, à peine d'amende au profit du fermier frustré.

Le tarif du droit de contrôle étoit bien le même partout ; mais, loin d'être simple, précis, et à la portée de tout le monde, comme il est actuellement établi, sous un autre nom, il étoit extrêmement compliqué, embarrassé d'une foule de distinctions, qu'on avoit peine à saisir,

4

parce qu'elles ne pouvoient pas être assez
caractérisées, et d'une perception tel-
lement difficile, que la plupart des commis
eux-mêmes ne l'entendoient pas, de sorte
qu'il s'élevoit très-souvent, entr'eux et les
notaires, des difficultés, et même des contestations, à l'occasion de cette perception
de droits : ce qui n'a presque jamais lieu
maintenant. En général ce tarif laissoit trop
à l'arbitraire du commis de prendre ou
de ne pas prendre tel ou tel autre droit.
La même espèce d'acte ne donnoit presque
jamais ouverture au même droit, en raison
de la nature du bien ou de la qualité des
parties contractantes.

Mais ce n'étoit encore là qu'un des inconvéniens du système de ce temps ;
le régime féodal apportoit bien d'autres
obstacles dans le commerce des biens ;
les actes de mutation, et, en général, tous les
actes portant transmission de propriété à
titre onéreux ou gratuit, étoient assujétis à
la prestation d'une foule de droits envers

les seigneurs d'où les biens relevoient, soit
qu'ils fussent dans leurs censives, soit qu'ils
fussent possédés à titre de fiefs; et presque
tous les biens des particuliers étoient dans
l'un ou l'autre cas : alors il falloit payer les
lods et ventes, les droits de quint et requint,
cheval de service, etc. aux seigneurs auxquels ils étoient dus, et qui conservoient toujours en outre sur ces biens un droit hono-
rifique, consistant dans le port de foi et
hommage que leur devoient les proprié-
taires. Ces différens droits étoient fort coû-
teux, et malgré le taux actuel des droits d'enregistrement, plus considérables, en général,
que ceux de contrôle proprement dit, les
particuliers ont beaucoup gagné à leur
suppression, sans compter même l'em-
barras et la confusion qui résultoient de
cette multitude de droits, dont la liquidation ne se faisoit pas toujours d'une
manière juste et exacte; souvent d'ailleurs
on étoit dans le doute qu'un droit fût ou
ne fût pas dû.

4.

Avant l'établissement du contrôle, les
notaires étoient déjà obligés, comme il
le sont aujourd'hui, de tenir un répertoire, c'est-à-dire, un registre sur lequel ils portoient les actes passés devant
eux, par ordre de dates, et ce, pour
prévenir les anti-dates, et les soustractions
d'actes. Un arrêt du 26 février 1655
enjoignit aux notaires de tenir un fidèle
répertoire, qui seroit paraphé, tous les
six mois, par un des syndics des notaires.
L'ordonnance du mois de juin 1680 a
voulu que ces répertoires fussent en
papier timbré ; un autre arrêt du 21
juillet 1693 obligea les notaires d'enregistrer, dans leurs répertoires, tous leurs
actes sans exception ; d'y faire mention
du contrôle et du droit payé, et de les
communiquer aux fermiers du droit de
contrôle, à toutes réquisitions, ainsi
que leurs minutes, sous des peines pécuniaires.

Pour l'exécution de leurs actes, les

notaires étoient également tenus de les
sceller ; ce qui se faisoit avec un sceau
aux armes du roi, ou simplement par
cette simple mention : *scellé.*

Quant au style des actes, il fut long-
temps barbare, diffus et surchargé d'expressions synonymes, répétées jusqu'à
satieté et avec une sorte de complaisance,
parce que l'on croyoit, par là, donner
plus de poids et d'autorité aux conventions ; les notaires, pour la plupart peu
instruits, suivoient servilement de vieux
protocoles ou formulaires, dont ils faisoient, comme on le dit vulgairement,
des selles à tous chevaux ; on se contentoit
simplement de changer les noms des parties,
et le reste alloit comme il pouvoit : de là
cette foule de procès dont les tribunaux
étoient surchargés. Au surplus les actes
portoient en tête la date de l'année, et s'in-
tituloient par, *fut présent, noble homme,*
ou *honorable homme*, ou simplement
honnête personne, selon la qualité des

parties ; depuis on les a commencés, pour la plupart par, *par-devant les notaires royaux à .....;* ensuite, *par-devant les notaires publics à la résidence de ....;* sans, dans aucun cas , désigner le nom du notaire qui recevoit l'acte, de sorte que, faute de pouvoir lire la signature de ce notaire , il étoit impossible de recourir à la minute , si d'ailleurs on n'avoit gardé note du notaire qui avoit reçu l'acte qu'on avoit besoin de vérifier, ou dont on vouloit avoir copie. Cet inconvénient fut senti, et maintenant les notaires sont tenus de mettre leurs noms dans les actes qu'ils reçoivent , et qu'à cet effet ils commencent ainsi : *Par-devant G.....* *et son collègue, notaires royaux à ....:* à l'exception des inventaires, et autres actes qui tiennent de la nature des procès-verbaux, et qui commencent ordinairement par *aujourd'hui ......*

Tout le monde peut voir, dans les anciens formulaires, dans les études des

notaires, et même dans les anciens titres
que les particuliers ont entre les mains,
la manière dont on rédigeoit les actes:
par cette raison on ne croit pas devoir en
transcrire ici, comme on l'a fait, chapitre II, pour les actes antérieurs à l'établissement des notaires comme officiers
publics, parce qu'il n'est pas aussi com-
mode, pour ces derniers actes, de se
procurer les in-folio qui les renferment,
et qu'on ne trouve guères que dans les
bibliothèques publiques.

La profession de notaire n'ayant jamais
été gratuite en France, leurs honoraires
et vacations ont été réglés par des ordonnances; à défaut de réglemens sur
certains actes, l'ordonnance d'Orléans
veut que la taxe en soit faite par les
juges.

Dans quelques provinces, l'action des
notaires pour le paiement de leurs vacations, se prescrivoit par deux et cinq
ans, comme à Grenoble, en Languedoc

et ailleurs; mais dans le ressort du Parlement de Paris, le temps pendant lequel les notaires devoient demander leur paiement n'étoit point fixé.

SECTION III.

Des Tabellions.

Nous avons déjà eu occasion de parler des tabellions, et de faire remarquer la différence qui existoit entre ceux des Romains et les nôtres; on a vu qu'en France, le tabellion étoit l'officier public qui délivroit les grosses et expéditions des actes faits et reçus par les notaires.

Cet usage a subsisté dans les premiers temps de la monarchie : dans la suite, les deux fonctions de notaires et de tabellions furent réunies; mais, par édit du mois de novembre 1542, François Ier jugea à propos de diviser le titre des offices de notaires-tabellions.

On voit, par cet édit, qu'il y avoit dans chaque siége royal un notaire-tabellion ; mais, comme celui qui réunissoit ces deux titres „ alors indivis, ne pouvoit suffire au service du public, surtout dans les endroits éloignés qui dépendoient de son établissement, il commettoit des personnes pour recevoir les actes, et l'on pensa qu'au lieu de ces commis, il seroit mieux d'établir des notaires en titre d'office, en laissant aux tabellions le droit de grossoyer les actes que les notaires auroient reçus.

» . Mais, par un nouvel édit du mois de mai 1597, Henri IV réunit au domaine tous les offices de notaires royaux du domaine, et il unit à ces offices les droits de tabellions et garde-notes ; il ordonna la vente et aliénation de ces offices, pour être à l'avenir, les pourvus, nommés notaires, gardes-notes et tabellions héré-

4..

ditaires, avec pouvoir de grossoyer et faire, chacun en droit soi, les expéditions de tous les actes par eux faits et passés.

Cette loi n'ayant pas eu partout sa pleine et entière exécution, il y a été suppléé par un édit de Louis XV, du mois de février 1561.

SECTION IV.

Des Notaires seigneuriaux.

On appeloit notaire de seigneur, ou seigneurial, celui qui étoit commis par un seigneur, pour instrumenter dans l'étendue de sa justice, devant le juge de laquelle il avoit prêté serment.

De temps immémorial, les seigneurs étoient en possession, dans certains endroits, d'établir des notaires ; diverses ordonnances de nos rois leur avoient conféré ce droit, et les y avoient maintenus.

Les notaires des seigneurs ne pouvoient instrumenter que dans leurs ressorts, à moins qu'ils ne fussent en même-
temps notaires royaux, ce qui avoit
communément lieu, auquel cas ils avoient
droit d'exercer dans toute l'étendue de
la justice à laquelle ils étoient immatriculés.

Ces notariats seigneuriaux étoient ordinairement tenus à ferme, dont la plupart du temps les seigneurs remettoient
le prix, et qu'ils ne retenoient que comme
apanage et signe de leur souveraineté.

L'ordonnance de 1539 faisoit défense,
aux notaires subalternes ou seigneuriaux,
de passer aucun acte entre ceux qui
n'étoient point sujets à leur juridiction.

Plusieurs édits et déclarations posté-
rieures leur avoient réitéré la même défense;
ils ne pouvoient recevoir d'actes qu'entre
personnes domiciliées dans leur territoire, et pour des héritages et choses qui
y étoient situés; mais, nonobstant les or-

donnances, il s'introduisit une jurisprudence différente consacrée par quatre arrêts, le dernier du 8 juillet 1780, d'après laquelle il a suffi que l'acte fût passé dans le territoire de la justice du seigneur où résidoit le notaire, quoiqu'aucune des parties n'y fût résidante, et que les biens compris dans cet acte n'y fussent pas situés.

Toutefois, leurs actes ne pouvoient être mis à exécution dans une autre justice, sans la permission du juge du lieu.

Du reste, les droits et les devoirs des notaires seigneuriaux étoient les mêmes que ceux des notaires royaux; seulement ils n'étoient que fermiers de leurs notariats, pendant la durée des baux qui leur en avoient été faits par les seigneurs, et à l'expiration desquels ils cessoient toutes fonctions à défaut de renouvellement: alors leurs minutes, qui appartenoient au seigneur, étoient remises à celui auquel le notariat avoit été affermé.

SECTION. V.

Des Notaires apostoliques.

———

ON donna le nom de notaires apostoliques à ceux qui furent institués par les
prélats, pour recevoir les actes de la juridiction volontaire ecclésiastique.

Ces notaires s'arrogèrent, pendant un
temps, le droit de faire toutes sortes
d'actes, concurremment avec les notaires
royaux et seigneuriaux : il résulta de cette
entreprise beaucoup d'abus ; pour y remédier, Louis XIV, par l'édit du mois de
décembre 1691, créa en titre d'office,
formé et héréditaire, dans chaque arche-
vêché et évêché du royaume, des offices
de notaires royaux, pour être tenus par
les notaires apostoliques, qui seroient
établis dans les villes où il seroit jugé
nécessaire.

L'édit attribua , à ces notaires royaux
et apostoliques, le pouvoir de faire seuls
et exclusivement toutes sortes de procurations pour résigner bénéfices , minis-
tréries, commanderies , démissions d'ar-
chevéchés, etc. et généralement tous les
actes qui avoient rapport aux bénéfices
et fonctions ecclésiastiques, et qui sont
énoncés dans cet édit.

Dans la plupart des villes, les charges
de notaires apostoliques furent par la
suite réunies à celles des notaires royaux,
et conséquemment soumises aux mêmes
règles.

SECTION VI.

Des changemens survenus dans le Notariat depuis la
révolution jusqu'à la loi du 25 ventose an XI.

TOUT ce qu'on vient de rapporter
continua de s'observer jusqu'à l'époque

de cette fameuse révolution de 1789,
qui a donné lieu à tant d'autres, et
qui nous a causé tant de maux, mais
qui pourtant, il faut en convenir, a
réformé quelques abus, qu'il eût été
toutefois possible de réformer sans elle.

Sans sortir de notre sujet, nous ferons
remarquer que les diverses espèces de
notaires dont nous avons parlé, exerçoient en même temps d'autres charges;
telles que le contrôle des actes civils
et judiciaires, même de leurs propres
actes. Ils étoient procureurs, procureurs
fiscaux, greffiers des justices seigneu-
riales, etc.

Cet état de choses, qui réellement
choquoit la saine raison, blessoit les
convenances, et fournissoit moyen de
porter atteinte à l'équité, fut vivement
senti par l'assemblée nationale constituante, qui, par son décret du 29 septembre 1791, sanctionné par le roi, le
6 octobre suivant, l'abolit entièrement;

et posa de nouveaux principes qui ré-
girent le notariat pendant environ douze
ans.

Cette loi supprima la vénalité et l'hérédité des offices royaux de notaires,
tabellions, notaires-clercs aux inventaires,
notaires connus en quelques lieux sous
le nom de greffiers, notaires seigneuriaux
et apostoliques, et remplaça ces divers
officiers, par des notaires publics nommés
à vie, et auxquels elle attribua les mêmes
fonctions qu'exerçoient les notaires supprimés ; ceux-ci furent obligés de se
pourvoir de nouvelles commissions dans
les formes et dans les délais impartis
par la loi.

Il fut dès lors impossible aux notaires
publics de remplir d'autres places ; la loi
déclara incompatibles leurs fonctions
avec celles d'avoués (autrefois procureurs), greffiers et receveurs des con-
tributions publiques.

Cette prohibition fut même par la

suite étendue à toutes les fonctions administratives et judiciaires, par divers
décrets et arrêtés de l'autorité du temps,
et singulièrement aux fonctions de receveurs de l'enregistrement (qui remplaçoient les contrôleurs des actes), par
un arrêté du directoire exécutif, du 21
germinal an V (10 avril 1797), dont
le considérant rappelle une disposition
d'une loi du 24 vendémiaire an III,
portant, « qu'aucun citoyen ne pourra
exercer ni concourir à l'exercice d'une
autorité chargée de la surveillance mé-
diate ou immédiate des fonctions qu'il
exerce dans une autre place. »

Toutefois, les fonctions des notaires
restèrent les mêmes, si l'on en excepte les
actes qui avoient trait à la féodalité, et
aux droits seigneuriaux qui venoient
d'être supprimés ; on leur attribua en
outre le droit de représenter les absens,
sur la simple réquisition d'une partie in-
téressée, dans les inventaires, ventes,

comptes, partages, et autres opérations amiables, où ils pourroient être intéressés.

La loi voulut aussi que le nombre et le placement des notaires publics fussent déterminés pour chaque département par le corps-législatif, en prenant pour base la population pour les villes, et, pour les campagnes, l'éloignement des villes et l'étendue du territoire, combinés avec la population.

Une innovation bien frappante que cette loi introduisit, fut de donner à tous les notaires d'un département, le droit d'instrumenter concurremment entre eux dans toute son étendue, de sorte que le notaire du plus petit village avoit le droit de se transporter au chef-lieu du département, et d'y recevoir des actes, tandis que ceux d'une grande ville, comme Paris, par exemple, où la suite des affaires exige un transport au loin, ne pouvoient sortir des limites de leur département.

Les actes des notaires publics furent déclarés exécutoires dans tout le royaume, sauf la légalisation de la signature du notaire par les juges du lieu de sa résidence, en cas d'exécution hors de son département.

La loi obligeoit les notaires à déposer un fonds de responsabilité en argent, dont ils ne devoient recevoir aucun intérêt, moyennant quoi, ils devoient être exempts du droit de patente; mais ce cautionnement n'a pas eu lieu, et les notaires ont été assujétis aux droits de patente.

La loi prit aussi des précautions pour la conservation des minutes, tant des notaires conservés qui en sont demeurés exclusivement dépositaires, que de celles des notaires, qui, par suite de ses dispositions, devoient être supprimés, lesquelles devoient être remises de gré à gré dans un délai imparti, sinon au plus ancien notaire de leurs résidences.

Une autre innovation, introduite encore par la loi nouvelle, étoit dans le mode de nomination aux fonctions de notaire public; la vénalité et l'hérédité étant supprimées, il ne pouvoit plus être question d'une procuration *ad resignandum* de la part du titulaire ou de ses héritiers, ni d'aucun traité: il falloit donc déterminer la forme d'admission; pour cela, la loi établit un concours dont les juges devoient être au nombre de neuf, savoir : deux membres du tribunal établi dans le lieu où le concours auroit lieu, le commissaire du roi près le même tribunal, deux membres du directoire du département, le procureur général syndic, et trois notaires publics de la ville, pris par ordre d'ancienneté, à tour de rôle.

Pour être admis à concourir, il falloit:

1°. Avoir satisfait à l'inscription civique en quelque lieu du royaume que ce fût.

2°. Etre âgé de vingt-cinq ans accomplis.

3°. Avoir travaillé pendant huit années
sans interruption ; savoir : pendant les
quatre premières, soit dans les études
des ci-devant procureurs ou des avoués,
soit dans les études des notaires, en quelque lieu que ce fût du royaume ; mais
nécessairement pendant les quatre der-
nières, en qualité de clerc de notaire,
dans l'étendue du département où le
concours avoit lieu, et y être alors
employé en cette qualité.

Il fut fait une exception en faveur
des juges et hommes de loi.

Le concours devoit avoir lieu tous les
ans, le 1er septembre : dans le mois pré-
cédent, les aspirans étoient obligés de
remettre au commissaire du roi, dési-
gné pour l'un des juges, les titres et certificats, servant à constater les qualités et
conditions dont on vient de parler ; les
clercs étoient tenus en outre de rap-

porter, avec les certificats de temps d'étude, des attestations de leurs vies et mœurs, de la part des fonctionnaires chez lesquels ils avoient travaillé.

Après la vérification des titres des aspirans, les juges leur faisoient subir un examen séparé sur les principes de la constitution, les fonctions et les devoirs de notaire : après quoi on soumettoit à leur rédaction un acte, dont le programme étoit donné par les juges et rempli, sans déplacer, par les aspirans.

La capacité des sujets étoit jugée à la majorité absolue des voix.

Ceux qui étoient reconnus capables, étoient déclarés habiles à remplir les fonctions de notaires publics, et inscrits aussitôt sur un tableau suivant le nombre de voix qu'ils avoient eues pour leur admission. En cas d'égalité de suffrages pour deux ou plusieurs aspirans, ils étoient inscrits sur le tableau à raison de leur temps d'étude, et en cas d'égalité de temps, à raison de leur âge.

Ce tableau étoit continué chaque année de la même manière; il restoit affiché dans la principale salle de l'administration du département, et étoit envoyé, par le procureur général syndic, à tous les tribunaux du ressort, pour y être pareillement affiché.

Les clercs, ainsi inscrits, continuoient à travailler chez les notaires jusqu'à leur placement définitif.

Lorsqu'une place de notaire devenoit vacante, la municipalité de la résidence en donnoit avis au directoire du département, lequel faisoit connoître publique- ment la vacance, et écrivoit aux sujets inscrits d'envoyer leur acceptation dans le délai de quinzaine, après lequel, le directoire conféroit la place au premier inscrit qui avoit envoyé son acceptation ; extrait du procès-verbal de sa nomination lui étoit remis, et, avec cet extrait, il faisoit ses diligences auprès du roi, à l'effet d'obtenir une commission qui ne pouvoit lui être refusée, en justifiant toutefois

d'arrangemens faits avec son prédécesseur, ou les héritiers de celui-ci, relativement à ses recouvremens d'étude.

Muni de cette commission, le pourvu
se présentoit au tribunal ; vérification
faite de ses titres, il prêtoit serment d'être
fidèle à la constitution et aux lois du
royaume, et de remplir ses fonctions avec
exactitude et probité : il étoit dressé
procès-verbal, dans lequel le nouveau
notaire consignoit les signature et para-
phe dont il entendoit se servir.

Il ne s'étoit pas encore écoulé deux
ans, lorsqu'un arrêté du 17 mai 1795
vint apporter des changemens à ces der-
nières dispositions : la commission du
pouvoir exécutif fut inutile, et il a suffi,
pour remplir une place de notaire, de
l'arrêté du directoire du département,
constatant le droit à remplir cette place.

On a dit, en parlant des notaires
royaux, qu'un édit de 1771 avoit prescrit l'évaluation des offices et leur rachat,

mais qu'il étoit resté sans exécution quant au dernier objet. L'assemblée constituante, en abolissant définitivement la vénalité et l'hérédité des charges, s'occupa aussi du remboursement des notaires ; elle posa à cet égard différentes bases. On fit des classes de ceux qui avoient, ou n'avoient pas satisfait à l'édit précité pour l'évaluation de leurs offices ; on statua que les sommes qui leur seroient dues pour remboursemens, seroient compensées jusqu'à due concurrence avec les fonds de responsabilité qu'ils devoient fournir : mais ce cautionnement ne fut pas donné, et l'on assujétit, au contraire, les notaires à une patente annuelle, ainsi qu'on l'a dit. La liquidation de la finance de leurs offices s'effectua, et ils reçurent en assignats, qui existoient alors, les sommes qui furent reconnues leur être dues.

A ces divers changemens qu'apporta au notariat la loi précitée, il faut ajouter ceux survenus à plusieurs époques relative-

ment au timbre, et au prix du papier timbré
dont les notaires font usage, changemens
opérés par les lois des 7 février 1791,
13 brumaire an VII, et autres posté-
rieures; et ceux opérés dans le contrôle
des actes, lequel prit le nom de droit d'enregistrement, par les lois des 5 décembre
1790, 22 frimaire an VII, et autres.

L'abolition de la formalité de l'insinuation de certains actes, et la transcrip-
tion des contrats, créée par le Code hypo-
thécaire de l'an VII, sous l'empire duquel
les actes translatifs de propriété n'étoient
parfaits que par l'accomplissement de
cette formalité, qui remplaça les lettres
de ratification autrefois en usage, sont
encore des changemens opérés par les
lois nouvelles.

On peut dire aussi que, pendant la révolution, les notaires furent obligés de se
soumettre aux diverses lois et décrets, que
ces temps de troubles ont suggérés.

Ainsi, dès le mois de janvier 1791, un

décret les obligea de clore les répertoires
alors existans, et dont le timbre étoit
supprimé.

Un autre décret du 3 août suivant leur
défendit de délivrer aucune somme dont
ils seroient dépositaires, si l'on ne leur
justifioit du paiement des impositions.

Il leur fut aussi fait défense, par un
décret du 3 septembre, même année,
d'inscrire dans leurs actes des noms et
qualifications supprimés, et on leur enjoignit d'omettre dans les expéditions
et extraits d'actes anciens, les clauses,
qualifications, dénominations, ou expressions tendantes à rappeler le régime
féodal, ou nobiliaire, ou la royauté, et ce,
sous des peines pécuniaires, rappelées
par la loi du 8 pluviose an II. Les notaires furent même aussi contraints de
remettre la plupart de ces titres, qui
furent la proie des flammes, en haine de
leur contenu !.

Il faut dire à cet égard, qu'en gé-

néral les notaires attachés à leurs devoirs
pour la conservation des actes dont ils
sont dépositaires, et par amour pour les
anciennes institutions qu'on s'efforçoit
d'anéantir, résistèrent, autant qu'il fut en
leur pouvoir, à faire la remise des titres
entachés, comme on le disoit alors, *d'expressions féodales, et rappelant la ty-
rannie ;* ils trompèrent la vigilance des
commissaires nommés à l'effet de faire
dans leurs études la recherche de ces
titres, et parvinrent pour la plupart à ne
donner, au lieu de minutes, que des
grosses et expéditions. Beaucoup cou-
rurent les plus grands dangers ; car on
sait que, dans ces temps désastreux, la
plus légère apparence d'attachement à
l'ancien régime conduisoit un homme à
l'échafaud.

Pour éviter la fraude bien innocente,
et certes, bien excusable, à laquelle les notaires auroient pu se prêter en faveur des
émigrés qui cherchoient à soustraire leurs

propriétés à la confiscation prononcée contre eux, on imagina de faire coter et parapher les répertoires des notaires, afin d'empêcher toute soustraction ou addition de feuillets, à l'aide désquels on eût fait disparoître jusqu'à la simple indication des titres qui établissoient les droits des propriétés. Une loi du 24 mars 1793, prescrivit en conséquence aux notaires de Paris de représenter, au directoire du département, les répertoires des actes passés par eux ou leurs prédécesseurs, à compter du premier janvier 1753, pour y être cotés et paraphés, par première et dernière pages, par les administrateurs du directoire, ou par les commissaires par eux nommés à cet effet, et ce, dans les vingt-quatre heures de la publication de la loi, à peine de vingt mille livres d'amende, *qui ne pourroit être remise ni modérée.*

A l'égard des autres notaires et tabellions des lieux dans lesquels le timbre et le contrôle des actes n'étoient pas établis en 1753, où ne l'ont été que postérieurement, la loi les a obligés sous les mêmes peines et dans les quatre jours, de faire pareillement coter et parapher leurs répertoires, à partir de l'époque où ils avoient commencé à en tenir. A défaut de répertoires, la loi chargea les juges-de-paix de coter et parapher toutes les minutes, depuis la même époque de 1753.

L'observation du calendrier républicain, du décadi et des fêtes nationales, jours pendant lesquels on ne pouvoit faire de ventes mobiliaires, furent encore des obligations auxquelles on assujétit les notaires.

Le scel des actes fut aussi changé. Dès la suppression des notaires royaux, tabellions et autres, toutes les grosses ne furent plus intitulées qu'au nom du Roi. *Louis, par la grâce de Dieu et la loi constitutionnelle de l'Etat, Roi de France et de Navarre.* Depuis la déplorable fin du règne de Louis XVI, les actes ont successivement été exécutés au nom de ceux, qui tour à tour se sont emparés de l'autorité : ainsi ils ont alternativement été intitulés : *Au nom de la nation ; au nom du peuple français*, sous le directoire, *Bonaparte, premier consul de la république, Napoléon, par la grâce de Dieu et les constitutions de l'empire, empereur des Français*, et ils ont été mis à exécution avec ces diverses formules.

Mais, par son ordonnance du 30 août dernier (1815), le Roi a prescrit la rectification de la formule d'exécution de tous les actes et jugemens faits et rendus pendant son absence, de sorte qu'aujourd'hui on ne peut plus faire usage de ces actes s'ils ne portent la formule royale, ainsi conçue : *Louis, par la grâce de Dieu, Roi de France et de Navarre.*

Quelques personnes ont pensé que l'ordonnance dont on parle, ne concernoit que les actes faits pendant le dernier interrègne; c'est-à-dire, depuis le 20 mars 1815, jusqu'au 8 juillet suivant; et qu'ainsi, à l'égard des actes passés avant le rappel de Sa Majesté, au mois d'avril 1814, il n'y avoit pas lieu à rien changer à la formule d'exécution.

Cette opinion est évidemment erronée, car il résulte bien clairement des expressions de l'ordonnance dont il s'agit, qu'elle a entendu comprendre tous les actes faits sous l'empire des divers gouvernemens, qui se sont succédé depuis la mort de Louis XVI, et qui tous, sans distinction, sont considérés comme illégitimes, et n'ayant même jamais existé; puisque Sa Majesté date le commencement de son règne de la mort de Louis XVII; l'ordonnance en question n'est donc qu'une conséquence de ce principe avec lequel elle met toutes choses en harmonie; et l'on ne conçoit pas comment de bons esprits, d'ailleurs, ont pu élever le moindre doute à ce sujet.

Toutefois la chambre des notaires de Paris a cru devoir prendre sur cette matière une délibération, de laquelle il résulte qu'on doit entendre l'ordonnance précitée dans le sens que nous venons de lui donner; et, comme cette décision, faite pour ainsi dire sous les yeux du gouvernement, n'a point été contrariée, tout le monde doit s'empresser d'y accéder.

Pour compléter ce qu'on peut dire des changemens survenus pendant la révolution, dans le notariat, j'ajouterai qu'un décret du 26 juillet 1790 conféra aux notaires le droit de faire des ventes mobiliaires, droit qu'ils n'avoient pas précédemment.

On supprima les anciennes mesures de superficie et de capacité, les dénominations furent changées: aux noms d'arpent, septier, etc., on substitua ceux d'*hectare*, *are*, etc.; la mine et le boisseau furent remplacés par *le double décalitre* et *le décalitre*. Au lieu de poinçon, feuillette, pipe, on dit *hectolitre*, *demi-hectolitre*; *le kilogramme*, *l'hectogramme*, et *leurs diminutifs*, remplacèrent les mesures de poids et de quantité ; on appela *stère* la corde de bois ; l'aune prit le nom de *mètre :* en un mot, dans la vue de rendre uniformes, pour toute la république, les poids et mesures, on établit un système entièrement nouveau, d'après lequel on pût s'entendre par toute la France, tandis que précédemment la diversité des expressions usitées dans chaque pays, sembloit faire dans un vaste État autant de peuples séparés.

Le calcul décimal, dont les avantages sont connus, fut aussi introduit : au lieu de livres, sous et deniers, on ne parla plus que de *francs*, *décimes* et *centimes*.

Afin de propager cette doctrine, et de vaincre la résistance que l'habitude et la routine opposent toujours aux idées d'innovation quelles qu'elles soient, le gou-

vernement obligea les notaires , par les
lois des 1er vendémiaire an IV et 17 floréal
an VII (1795 et 1799) , à se servir dans
leurs actes des nouvelles dénominations,
et à se conformer à ce qui étoit prescrit,
relativement au calcul décimal.

Mais tel est l'effet de l'habitude que,
par rapport aux poids et mesures surtout,
le public, quoiqu'il se soit écoulé vingt
ans, n'a pu se familiariser avec les nouvelles dénominations, ou plutôt ne l'a pas
voulu, parce que chacun en général, ne
voyant pas plus loin que son pays, n'a
pas suffisamment senti la nécessité du
système efficace que le gouvernement a
voulu introduire, de sorte qu'on a , pour
ainsi dire, forcé les notaires d'employer
dans leurs actes les anciennes dénominations à côté des nouvelles, comme objet de comparaison; les lois ont donc
manqué leur but : à côté de l'ordre d'insérer dans les actes les dénominations
nouvelles, il eût fallu mettre la prohibi-

tion de rappeler les anciennes qu'on auroit ainsi peu à peu oubliées.

Enfin, une loi du 15 floréal an IV prescrivit aux notaires le dépôt au greffe du
tribunal de leur arrondissement, du double de leur répertoire dans les deux premiers mois de l'année, ainsi que le vouloit l'article 16, titre 3, de la loi du 29
septembre 1791.

Pour assurer l'exécution de cette loi
de l'an IV, un arrêté du directoire exécutif du 2 brumaire an V prescrivit aux
juges-de-paix de dresser, dans le mois,
l'état, par noms et prénoms, avec l'indication de la résidence, de tous les notaires
de leurs cantons, et de l'envoyer au commissaire du pouvoir exécutif, près le tribunal du département : ce commissaire
étoit tenu de déposer le double de cet état
au greffe, et d'adresser l'original au ministre de la justice.

Par rapport au style des actes, on peut
dire aussi qu'il s'améliora sensiblement pen-

dant la révolution ; les notaires s'affran=
chirent pour la plupart, de ces formules
qu'ils avoient suivies jusqu'alors ; les nouveaux notaires, surtout, portèrent dans les
actes l'esprit d'ordre et de méthode, et la
pureté de langage qu'on rencontre dans
tous les écrits du temps ; et l'on peut dire
que, depuis cette époque, les actes des
notaires se sont mis en toutes choses au
niveau des lumières du siècle.

Ces progrès éminemment avantageux à la
société, puisqu'il doit en résulter et qu'il
en résulte en effet une diminution sensible
dans les procès, sont sans doute dus à l'a-
mélioration du style des lois, et en général des actes émanés de l'autorité publique, desquels on a banni depuis vingt-
cinq ans ces expressions gothiques, cette
diction prolixe et inintelligible qui donnoit
lieu à diverses interprétations de la part
des cours de justice, et qui nécessitoit,
pour les expliquer, des arrêts du conseil,
qui eux - mêmes, rédigés avec peu de
clarté, laissoient encore des doutes.

On a sans doute remarqué que les dispositions de cette loi, qui donna au notariat
une organisation toute nouvelle, portèrent
avec elles l'empreinte de cet esprit d'effervescence qui agitoit alors la nation tout
entière; tout ce qui tenoit au système
qu'on vouloit renverser, étoit, sans examen,
regardé comme vicieux, et par cela seul
écarté; les mots de *liberté* et *d'égalité*
enivroient tous les esprits, et donnèrent
naissance à ces innovations, dont l'expérience fit bientôt après reconnoître les
inconvéniens et même les dangers.

Une loi nouvelle fut préparée et soumise à l'examen des diverses legislatures
de l'an VI, l'an VII, et l'an VIII (1798,
1799, et 1800), c'est-à-dire après sept
années seulement d'expérience de la première; mais, par suite de l'état de révolution dans lequel nous étions toujours,
cette loi ne fut rendue que le 25 ventose
an XI (16 mars 1803), sous le titre
de loi organique du notariat, qui, seule,
forme maintenant le titre et la règle de

cette profession., et dont les dispositions sont assez connues, pour qu'on se dispense de les rappeler ici ; tout le monde connoît les changemens que cette loi a apportés à celle de la révolution., notamment pour le ressort dans lequel les notaires ont le droit d'instrumenter, ressort bien mieux calculé sur l'équité et la raison que celui de la loi précédente, et qui est borné à l'étendue de la justice de paix , du tribunal ou de la cour, près desquels les notaires exercent leurs fonctions., et aussi pour le mode de nomination aux fonctions de notaire.

C'est cette dernière loi du 25 ventose an XI , qu'on se propose d'examiner dans la seconde partie de cet opuscule. Nous discuterons les points qui nous paroissent réclamer quelques modifications., et nous émettrons franchement notre opinion, dans la seule vue de concourir à opérer des améliorations généralement jugées nécessaires, et que nous devons attendre de la bienveillance et des lumières du monarque qui nous gouverne.

Nous nous proposons aussi de jeter un coup d'œil sur les diverses attributions conférées au notariat par les codes modernes, et sur celles qui, autrefois de son domaine, lui ont été enlevées. Si nos recherches et nos observations peuvent être de quelqu'utilité, nous nous estimerons heureux d'en avoir conçu l'idée, pour le public en général, et en particulier pour le corps estimable auquel nous nous honorons d'appartenir.

Cette seconde partie sera divisée en deux chapitres : le premier aura pour objet l'examen critique du régime actuel du notariat ; dans le second, nous passerons en revue les actes qui sont et doivent être du ministère des notaires.

DEUXIÈME PARTIE.

Considérations générales sur l'état actuel du Notariat.

CHAPITRE PREMIER.

Du Régime actuel du Notariat.

SECTION Ire.

Remarques sur le titre 1er de la loi organique.

LA loi organique du 16 mars 1803, dans le titre premier, détermine, d'une manière précise, les fonctions des notaires, leurs devoirs, et le ressort dans lequel ils peuvent exercer.

Ses dispositions sages, profondément méditées et approuvées par l'expérience, sans laquelle les théories, quelque brillantes qu'elles soient, n'ont rien de solide, ne paroissent pas devoir exciter de réclamations, du moins bien importantes.

Cependant on ne peut se dissimuler que beaucoup de notaires n'aient émis le vœu pour le rétablissement de l'hérédité de leurs places, qu'ils voudroient voir de nouveau ériger en titre d'office héréditaire, afin d'en assurer la propriété à leurs familles.

Il est si naturel de revenir à ses anciennes pratiques, qu'on a tant de peine à quitter, que je ne m'étonnerai point d'une pareille prétention, et que je n'en ferai aucun crime à ceux qui l'élèvent ; mais ils me permettront de la combattre, et de leur opposer précisément les mêmes raisons qui, dès 1791, ont donné lieu à la suppression de l'hérédité.

On conçoit à la vérité qu'il est bien doux à l'homme qui a passé les plus belles années de sa vie à faire des études souvent fastidieuses, pour se procurer un état, de penser que non-seulement il le possède pour toujours, tant qu'il se conduira avec honneur, mais encore qu'il le léguera comme héritage à sa famille, qui, à son tour, en disposera à son gré. Après avoir fourni sa carrière dans l'exercice pénible de sa profession, il descend au tombeau avec cette idée consolante que son fils ou son gendre va lui succéder, qu'il va être dépositaire de ce qu'il a de plus cher au monde, après sa famille, et cette idée le rend heureux.

S'il ne s'agissoit que d'un acte indifférent et de pure complaisance, nous devons croire qu'il en seroit ainsi ; mais l'intérêt public que l'on doit considérer avant tout, réclame fortement contre un pareil système : en fait de fonctions publiques qui exigent de la capacité et de l'instruction, rien ne peut remplacer ces qualités, et si le fils d'un notaire n'en est pas doué, il doit être rejeté. En admettant l'hérédité, on favorise la paresse, à laquelle les hommes, et particulièrement les jeunes gens, sont naturellement enclins ; celui qui est certain de succéder à son père, ne se met guères en peine de s'instruire ; il regarde l'étude de son père comme un patrimoine qui lui est acquis en naissant, que personne ne peut lui disputer, et qu'il exploitera, bien certainement, un jour. On objectera que, d'après les formes établies, il subira des examens préalables, et que, s'il n'est pas jugé capable, il ne sera pas agréé ; mais alors l'étude restera vacante, on attendra qu'une sœur trouve un mari capable de l'occuper : car on ne pourra pas contraindre la famille du défunt à traiter avec un étranger, et le public souffrira pendant le temps de la vacance de l'étude ; d'ailleurs, il répugne au bon sens qu'une fonction publique, que le

souverain seul a le droit de conférer ;
puisse être le patrimoine d'une famille ;
d'un autre côté, si l'on examine les motifs
qui firent autrefois établir la vénalité et
l'hérédité des offices, on voit que l'intérêt des particuliers n'y entroit pour
rien. On a déjà eu occasion de faire remarquer, dans la première partie de cet
ouvrage, qu'avant Louis XII, tous les
offices en France n'étoient tenus que par
commission, et sous le bon plaisir du
Roi ; ils furent ensuite rendus perpétuels,
et à vie, mais ils n'étoient ni vénaux ni
héréditaires : saint Louis avoit même défendu de vendre les offices de judicature ;
ce fut uniquement pour subvenir aux besoins de l'Etat, que Louis XII, pour
acquitter les grandes dettes de Charles VIII,
son prédécesseur, commença le premier
à tirer de l'argent pour la nomination
aux offices de finance.

Ce prince, surnommé, à juste titre, le
père du peuple, eut ensuite tant de re-

grets d'avoir établi la vénalité des offices,
en voyant les désordres auxquels elle
donnoit lieu , qu'il la révoqua par son
ordonnance de 1508; mais telle est la
malheureuse organisation humaine, que
souvent les leçons de l'expérience sont mé-
prisées : Louis XII prévit lui-même que
les soins qu'il prenoit, de faire le bien,
seroient perdus, d'après le caractère de
François Ier qui devoit lui succéder, et il
disoit avec douleur : *Ah ! nous travaillons
en vain , ce gros garçon nous gâtera tout.*

En effet, François Ier établit en 1522
le bureau des parties casuelles, où tous les
offices furent taxés par forme de prêt, et
vendus ouvertement.

Les résignations en faveur furent autorisées par Charles IX , en payant la taxe
qui en seroit faite aux parties casuelles,
et en 1568, il fut permis aux officiers qui
paieroient la taxe de la finance de leurs
offices, de les résigner, et à leurs héritiers
d'en disposer : il fut aussi réglé que si les

officiers résignans survivoient à leurs fils
ou gendres résignataires, ils y rentreroient
avec pareille faculté de résigner; et que
s'ils laissoient un fils mineur, l'office lui
seroit conservé. Henri IV établit aussi,
par un édit du 12 décembre 1604, le droit
de l'annuel ou paulette, et la plupart des
offices furent assujétis au prêt, qui étoit
une taxe que chaque officier étoit tenu
de payer dans les trois premières années
du renouvellement qu'on faisoit de l'annuel tous les neuf ans.

Mais au mois de février 1771 Louis XV
porta le fameux édit concernant l'é-
valuation des offices, et les racheta; il
donna pour motif de cette ordonnance,
que ces offices n'étant eux - mêmes que
le droit de remplir à la décharge du souverain des fonctions attachées à sa juridiction et à son administration, la nomination à ces offices étoit un des principaux
attributs de sa souveraineté : que si en vertu
de la plénitude et de l'universalité de son

pouvoir, il faisoit exercer par ses officiers une portion de son autorité, ils ne pouvoient transmettre à leurs successeurs le dépôt qui leur étoit confié ; que les besoins de l'Etat avoient bien pu exiger qu'on attachât une finance aux divers offices, et qu'afin d'asseoir cette finance avec moins de difficultés, les rois ses prédécesseurs avoient bien pu faire certaines concessions ; mais que ni la faculté de résigner, ni la sorte d'hérédité résultant du paiement des droits imposés, n'avoient pu porter atteinte au droit inséparable de la souveraineté du Roi, de disposer des offices qui venoient à vaquer ; que cette faculté et cette hérédité n'étoient qu'un privilége qui, sans anéantir la règle générale, pouvoit simplement déterminer le choix que Sa Majesté faisoit du successeur à l'office, et non le contraindre, et ne donnoit d'autre droit que de revendiquer la finance, laquelle ne devoit en aucun cas être confondue avec le corps même de l'office,

Ainsi Louis XV abolit, à quelques exceptions près, la vénalité des offices, véritablement honteuse pour la France, et
qui faisoit regretter les temps où le
simple jurisconsulte, blanchi par l'étude
des lois, parvenoit, par son seul mérite,
à rendre la justice qu'il avoit défendue
par ses veilles, par sa voix, et par son
crédit.

L'assemblée constituante, en supprimant
les offices, finit d'anéantir entièrement l'hérédité et la vénalité des charges de judicature, et autres, par ses divers décrets sanc-
tionnés par le Roi, des 4 août 1789, 16 août
et 15 décembre 1790 ; et depuis, personne
n'éleva la voix pour le rétablissement d'un
ordre de choses généralement reconnu
vicieux. Sous le dernier gouvernement
même, où les besoins de l'Etat croissoient
de jour en jour, par les dépenses qu'un
état de guerre continuelle nécessitoit, et où
les hommes étoient si fertiles en inventions
pour procurer de l'argent, du crédit;

6

et du pouvoir au souverain, on ne voit
pas qu'il ait été question de faire revivre
la vénalité des offices : tant on sentit qu'il
tenoit à l'ordre public, au bon sens et à
la morale, de ne pas rappeler de pareilles
institutions!

Pourquoi voudroit-on donc essayer
de les rétablir, aujourd'hui, ces institutions ? L'Etat a de grands besoins, à la
vérité; mais, dès l'an dernier, le gouvernement a prouvé qu'il savoit trouver, dans
ses propres moyens, de quoi faire face à
ses charges, comme on l'a vu par le rapport ingénieux et parfaitement raisonné
du ministre des finances, et cette année
où les circonstances sont encore plus dé-
favorables, nous devons croire qu'il saura
puiser dans sa sagesse, les moyens de
remplir les engagemens qu'il aura été
dans la nécessité de contracter, sans
porter atteinte aux principes reçus et con-
sacrés par le temps.

Tout le monde convient que la vénalité

des charges en général a produit originairement un grand mal; il a paru scandaleux, absurde même, qu'on acquît pour de l'argent le droit de rendre la justice: ce n'étoit que par succession de temps qu'on s'étoit familiarisé avec ce système monstrueux et immoral, et qui porte en soi atteinte aux droits de la souveraineté; système désapprouvé, même, par tous les bons esprits du temps où il existoit. Mais vouloir le faire revivre actuellement, sous le prétexte mesquin de procurer de l'argent à l'Etat, ce seroit rétrograder vers les temps de barbarie, renverser les idées consacrées par un quart de siècle, et porter atteinte à nos principes constitutionnels; car, qu'on y prenne garde, lorsque dans un Etat toutes les institutions sont en harmonie entr'elles, ou tendent à s'y mettre, on ne peut faire rétrograder l'une, sans laisser voir de disparité avec les autres: c'est un édifice qui cesse d'être régulier. Si l'on rétablissoit l'hérédité et la vénalité

6.

des charges comme elles existoient autrefois, il faudroit bien accorder des priviléges et des prérogatives aux titulaires pour
les indemniser de l'argent qu'on en ti-
reroit, et alors on violeroit formellement
la Charte constitutionnelle qu'on a si so-
lennellement juré d'observer, et d'après
laquelle tous les citoyens sont égaux, et
doivent indistinctement contribuer aux
charges de l'Etat. Ne balançons pas à le
dire, le retour à de pareilles institutions,
seroit un monument de turpitude éter-
nelle ; ce seroit le signal du bouleversement
de toutes nos institutions, et le froissement
d'intérêts qui en résulteroit ne pourroit
qu'occasionner de grands maux : ainsi le
magistrat instruit et vertueux, mais privé
des dons de la fortune, se verroit forcé de
céder sa place à celui que son opulence
auroit mis à portée de l'acheter. Le fonc-
tionnaire d'un ordre inférieur seroit obligé
de financer, pour continuer d'exercer ses
fonctions, sans égard pour les engage-

mens qu'il auroit pris avec son prédécesseur, en raison de l'état de choses
existant lors de son traité, et cela dans
l'unique vue de procurer de l'argent au
gouvernement: ainsi, pour une somme de
moins de cent million , assurément, dont
on seroit obligé de faire un intérêt quelconque, la France reviendroit au système
de la vénalité des charges, dont la suppression a été une calamité, il est vrai,
sous le rapport de l'intérêt des titulaires,
et dont le rétablissement seroit une nouvelle calamité, tant par le froissement des
intérêts des fonctionnaires, que par le ren-
versement des principes généralement reçus aujourd'hui, toute réaction étant
d'ailleurs la source de grands maux.

A l'appui de ce système que nous com-
battons, on cite Montesquieu qui dit que
dans une monarchie, quand les charges
ne se vendroient pas par un réglement
public, l'indigence ou l'avidité des cour-
tisans les vendroient tout de même : la

hasard donnera de meilleurs sujets que le choix du prince: mais, outre l'influence du gouvernement sous lequel cet auteur écrivoit, on peut dire qu'il ne s'agissoit pas d'établir, il n'étoit question que de rapporter ce qui existoit ; et comme rien n'est plus ordinaire que d'entendre les écrivains louer les institutions quelles qu'elles soient, pour faire leur cour aux souverains, on ne peut pas conclure, de ce qu'on vient de citer, que le savant auteur de l'*Esprit des Lois* fût partisan de la vénalité des charges ; d'un autre côté, on peut répondre aussi que, quand il seroit vrai de convenir que les ministres ou leurs commis trafiquassent des emplois, il ne s'ensuivroit pas que le gouvernement dût autoriser ouvertement ce trafic, et s'approprier par un titre légal les bénéfices d'un aussi vil métier : les lois essentiellement conservatrices de la morale doivent, au contraire, sévèrement repousser jusqu'à l'apparence d'une fraude, ou d'un défaut de délicatesse.

En définitive, ceux qui parlent d'ériger en titre d'office les fonctions des notaires, avoués, greffiers et huissiers, pour en tirer de l'argent, ont donc bien peu de confiance dans les moyens et dans les ressources de la France. Quoi ! pour faire face à ses charges, le gouvernement n'auroit d'autre parti à prendre que d'aliéner un des plus beaux droits de la souveraineté, celui de conférer les emplois ! Quel effort de génie que d'imaginer de faire financer une classe de citoyens qui doivent à leurs études et à leurs veilles, le peu d'aisance que leurs professions leur procurent, et qui même pour la plupart ne seroient point en état de le faire, surtout dans les circonstances actuelles ! Au surplus, ces fonctionnaires paient déjà une finance à l'Etat sous le titre de cautionnement dont on leur fait intérêt ; ils sont, j'en suis certain, entièrement disposés à faire le sacrifice des intérêts pendant tout le temps que les circonstances l'exigeront : et, sous ce rapport seul, ils contribueront puissamment à la diminution des charges de l'Etat, et conséquemment à l'augmentation de ses moyens.

Pour nous, l'opinion que nous avons des ressources de la France et des lumières du gouvernement, nous fait croire qu'ainsi que vient de le dire la Chambre des Députés dans son adresse au Roi, la France réparera ses malheurs *sans convulsions nouvelles, avec sagesse, avec célérité.*

Il vaut donc bien mieux s'en tenir à l'ordre établi aujourd'hui qui n'a aucun inconvénient, puisque le gouvernement se prête toujours aux vues des notaires qui veulent se démettre, ou de leurs familles, et que les chambres de discipline seront toujours disposées à en user de même : reposons-nous avec confiance sur la justice du gouvernement, qui dans tous les temps sentira ce qu'il convient faire pour des hommes qui ont passé leur vie dans l'exercice d'un état, dans lequel réside le plus ordinairement leur fortune toute entière.

Ce titre premier de la loi organique ne paroît donc pas susceptible d'être réformé, du moins, tant que l'ordre judiciaire sera distribué comme il l'est aujourd'hui; je ferai néanmoins quelques observations.

L'article 9 veut que les témoins qui doivent assister le notaire, soient domiciliés dans l'arrondissement *communal* où l'acte sera passé; il eût été mieux de dire, *dans l'arrondissement de la sous-préfecture*, puisque c'est là ce qu'on entend par l'expression impropre d'arrondissement communal.

Cette expression de l'article 13 : Les actes seront écrits en *un seul et même contexte*, n'est pas claire : *hic contextus* signifie tissu ; Ulpien a dit *contextu uno*, tout d'une suite, sans interruption. D'après cette signification, le législateur a-t-il voulu que l'acte fût écrit tout entier de de la même main, ou a-t-il entendu, comme le pense M. Massé, que la contexture de l'acte fût uniforme, c'est-à-dire que le caractère de l'acte fût à peu après de la même grosseur, et les lignes également espacées ? Quelqu'interprétation qu'on donne, il est difficile de trouver le véritable sens de ces mots dans leur application, et je crois qu'on peut les regarder comme inutiles et insignifians (1).

Le même article contient une disposition plus importante à signaler ; elle astreint les notaires à annexer à leurs minutes les procurations des contractans, sous peine d'une amende de cent francs contre les contrevenans.

Il n'est pas de notaires, qui n'aient éprouvé d'obstacles, et même de désagrémens, à remplir cette formalité : les

_____

(1) Un commentateur, M. *Loret*, dit que « le con-
» texte d'un acte s'entend, et de l'unité du temps qui
» est employé à sa rédaction, et, de plus, de la série et
» de l'enchaînement des dispositions, clauses et condi-
» tions relatives aux conventions qu'on se propose de
» rédiger. » Voilà une explication bien forcée, je dirai
même bien contraire à la pratique journalière.

mandataires refusent presque toujours
de remettre leurs procurations lorsqu'elles
sont générales , et qu'ils les présentent en
expéditions ; ils objectent pour raison ,
qu'ils en ont encore besoin pour les autres
affaires qu'elles comportent : et si le notaire
leur répond qu'il leur en délivrera copie ,
ils se récrient sur la dépense que cette
copie va leur occasionner , et souvent ils
l'accusent de ne retenir leur expédition ,
que pour avoir le droit de leur en délivrer
une nouvelle.

Cette annexe qui est véritablement sans
objet , lorsqu'il y a minute de la procuration représentée , et qui paroît n'avoir
d'autre but que la misérable considération de faire employer du timbre ,
pourroit être supprimée sans inconvénient ,
et les notaires seroient bornés , comme
autrefois , à la nécessité d'annexer à leurs
minutes , les procurations en brevet seulement.

Ce qui prouve bien évidemment qu'on

n'a eu en vue que la dépense de timbre ; c'est le soin que prennent les employés de la régie de l'enregistrement, de véri-fier, avec une scrupuleuse exactitude, l'accomplissement de la formalité dont je viens de parler. On auroit peine à croire que ces employés aient poussé leur exactitude à cet égard, jusqu'à prétendre qu'un notaire, faisant, à di-verses époques, plusieurs actes en vertu d'un même pouvoir, étoit obligé d'an-nexer ce pouvoir à chacune de ses minutes, soutenant qu'il ne suffisoit pas qu'il fût annexé à l'une d'elles, et que mention en fût faite dans les autres; cette contravention, selon eux, a fait la matière de procès-verbaux très-sérieux, contre lesquels les notaires ont eu à se défendre.

C'est ici le lieu, ce me semble, de faire entendre les justes plaintes des notaires contre les employés supérieurs de l'enregistrement.

Un vérificateur se présente chez les notaires; il feuillette ses répertoires et ses minutes, pendant tout autant de temps que bon lui semble, constate des contraventions aux diverses lois qui régissent le notariat, et en dresse procès-verbaux qui ont toujours pour but de faire prononcer des amendes contre le notaire en défaut; ils vont plus loin même : au mépris de l'article 54 de la loi du 22 frimaire an VII, ils exigent la représentation des testamens portés sur les répertoires, afin de rechercher si ces actes sont dans le cas d'être enregistrés, c'est-à-dire de vérifier l'existence des testateurs; ainsi, le secret de ces derniers est violé.

Il est tout-à-fait inconvenant qu'un employé, sans mission légale, aille ainsi s'ériger en censeur de fonctionnaires d'un ordre supérieur à lui : c'est un abus contre lequel tous les notaires eussent dû réclamer depuis long-temps, afin de

faire rentrer les employés de l'enregistrement dans leurs véritables attributions,
qui consistent à faire et vérifier la perception des droits, la tenue des répertoires soumis à leur visa, et l'exécution
des lois sur le timbre; mais les contraventions à ce qui est prescrit par la loi organique du notariat, ne les regarde nullement.
Les notaires sont dans les attributions du
ministre de la justice (loi du 19 brumaire
an IV), ils font partie de l'ordre judiciaire,
et c'est aux tribunaux, sous la surveillance
desquels ils sont placés, qu'appartient le
droit de censure sur eux.

Il seroit donc à désirer qu'il intervînt
une ordonnance, qui enjoignît aux employés de l'enregistrement, de se borner,
dans leurs vérifications chez les notaires,
à la perception des droits, de ne plus,
à l'avenir, exiger la représentation des
testamens, et particulièrement de ne
plus relever les contraventions aux lois
sur le notariat, et qui déterminât le mode

de vérifier si les notaires remplissent exactement les formalités que les lois leur imposent, car on ne peut se dispenser de convenir que la censure ne soit utile.

Je ne verrois pas d'inconvéniens à charger spécialement les receveurs de l'enregistrement, de la vérification de ces formalités. Ils seroient tenus de prévenir officieusement les notaires inexacts, de les inviter à réparer leurs omissions, et d'être plus attentifs à l'avenir; ils pourroient même refuser l'enregistrement de leurs actes à défaut de formes prescrites : dans le cas où les notaires ne se conformeroient pas à leurs invitations, les receveurs en feroient leur rapport, soit à la chambre de discipline, soit au procureur du Roi dans le ressort desquels le notaire contrevenant se trouveroit, pour être, par eux, pris telles mesures qu'ils aviseroient.

Par ce moyen les notaires en général, et particulièrement ceux habituellement exacts, n'auroient pas le désagrément d'être exercés par des employés, dont les recherches minutieuses donnent toujours quelques inquiétudes, et qui, n'ayant que peu de choses à faire pour beaucoup d'argent qu'on leur donne, cherchent sans cesse à constater quelques misérables contraventions qui sont amendables, pour prouver qu'ils sont utiles. Le gouvernement y gagneroit par la possibilité de diminuer le nombre des employés, et les choses n'en iroient pas moins bien. Il est juste que les lois attachent des peines à l'inobservation des formalités qu'elles prescrivent ; mais elles doivent bien plus tendre à réprimer les contraventions par la douceur et la persuasion, que par des condamnations pécuniaires, qui laissent toujours après elles une sorte d'animosité contre la loi, dans l'esprit du contrevenant.

Il est d'usage dans la pratique, de déposer aux notaires, des actes sous signatures privées et des actes authentiques en

brevet, dont ils délivrent ensuite copie
ou même grosse, selon qu'on leur demande.

Cette pratique à l'égard des grosses des
actes authentiques, ne paroît nullement
fondée, puisque l'article 21 de la loi organique, dispose que le droit de délivrer des grosses n'appartient qu'au notaire
possesseur de la minute, et ne donne au
notaire *dépositaire* d'un acte que le droit
d'en délivrer copie, et non pas grosse;
est-ce une lacune dans la loi, ou bien
est-ce une omission volontaire? Dans ce
dernier cas, la puissance législative n'a rien
à répondre. Toutefois, on sent de quelle
importance est la question de savoir si le
notaire dépositaire d'un acte qu'il n'a pas
reçu, a le droit ou non d'en délivrer
grosse, car, s'il ne l'a pas, il commet un
excès de pouvoir qui peut le compromettre
et le rendre répréhensible, et il expose celui
à qui il a délivré cette grosse, à voir dé-
clarer nulle toute la procédure à laquelle
elle auroit servi de fondement.

Nul doute que le notaire successeur n'ait le droit de délivrer grosse des actes de ses prédécesseurs, il est alors possesseur des minutes ; mais la question reste toute entière sans solution, à l'égard du notaire qui n'est que dépositaire, c'est-à-dire auquel on a déposé, par exemple, le brevet d'un acte notarié portant obligation quelconque.

C'est, ce me semble, une des grandes obligations de notre profession, que de veiller constamment à ne rien faire qui puisse donner lieu à des contestations. Ministres de paix, les notaires ne doivent tendre qu'à prévenir les différends, concilier les intérêts opposés, et à entretenir dans les familles, la concorde et l'harmonie ; ils doivent donc être extrêmement réservés dans la pratique des usages qui ne sont point autorisés par les lois, surtout quand les suites peuvent avoir des inconvéniens.

SECTION II.

Remarques sur le titre II.

———

Ici se bornent les remarques que j'ai cru devoir faire sur le titre premier de la loi organique; je passe à l'examen du deuxième titre qui traite du nombre et du placement des notaires, du mode d'admission au notariat, de la chambre de discipline, de la garde et de la transmission des minutes.

L'article 31 porte : « Le nombre des » notaires pour chaque département, » leur placement et résidence, seront dé- » terminés par le gouvernement, de ma- » nière, 1°. que dans les villes de cent » mille habitans et au-dessus, il y ait un » notaire au plus, par six mille habitans; » 2°. que dans les autres villes, bourgs » ou villages, il y ait deux notaires au

» moins, ou cinq au plus, par chaque
» arrondissement de justice de paix. »

Depuis douze ans que cette loi existe,
le gouvernement n'a rien fait pour régler
définitivement le nombre et la collocation
des notaires, d'après les besoins présumés
des localités; il a seulement été rendu
le 12 fructidor an XI, un arrêté qui
maintient à cent quatorze, le nombre des
notaires de Paris; et quelques villes,
comme Orléans, ont obtenu la réunion
de cantons ruraux où il n'y avoit pas de
notaires, et le *maximum* du nombre de
notaires, par justice de paix, a été main-
tenu. Dans d'autres endroits, on a trouvé
moyen d'éluder la loi, à la faveur de lettres
ministérielles qui permettoient les permu-
tations, et qui depuis ont été retirées;
dans ces derniers temps enfin, divers notaires, notamment dans l'arrondissement
de Châteaudun (Eure et Loir), sont parvenus à permuter, quoique le nombre
des notaires de leurs cantons excédât le
maximum fixé par la loi.

Du reste, le gouvernement a bien de-
mandé, il y a quelques années, aux
chambres de discipline, des renseignemens tendans à connoître le nombre de
notaires qu'il conviendroit d'établir dans
chaque canton; chaque chambre a fait
un travail qu'elle a fait parvenir au ministre de la justice; mais il n'en est rien
résulté, et l'on est encore dans l'attente
d'un réglement généralement désiré à
cet égard.

Il résulte de cet état de choses, que
dans les cantons où il n'y a pas plus de
cinq notaires, le gouvernement se prête
volontiers aux remplacemens, et que
dans ceux où le nombre excède cinq par
justice de paix, il est impossible de succéder, quelle que soit d'ailleurs la collocation du notaire décédé, ou qui veut se
démettre, à moins de prendre le biais de
a permutation, qui semble être tolérée;
mais on n'a pas toujours à sa disposition la
facilité de suivre cette voie, qui d'ailleurs
est vicieuse, puisqu'elle enfreint la loi.

Ainsi le notaire qui est assez heureux de se trouver dans un canton où il n'y a que le *maximum* de notaires fixé par la loi, a l'avantage de pouvoir se démettre de son vivant, et de faire avec son successeur des conditions bien plus favorables que n'en feroient ses héritiers, encore bien que, d'après le travail de la chambre de son arrondissement, il y ait lieu à suppression dans son canton, et que même sa collocation doive être supprimée; au contraire, le notaire d'un canton où le nombre excède le *maximum*, mais dont la collocation doit être conservée, est condamné à rester notaire toute sa vie, s'il ne veut perdre son étude, et a de plus l'inquiétude de savoir si cette étude qui fait souvent toute sa fortune, sera, ou non, perdue pour sa famille.

Il paroît donc bien urgent que le gouvernement lève tous les doutes, et fasse disparoître toutes les difficultés sur cette matière, par une ordonnance en forme de réglement, qui fixera définitivement le nombre et la collocation des notaires dans chaque canton, en prenant en considération le travail des chambres de discipline, et les renseignemens des procureurs du roi; car on ne peut disconvenir que, dans certains cantons, le *maximum* déterminé par la loi n'excède les besoins des localités, tandis que, dans d'autres où il y a lieu à suppression, d'après la loi même, certaines collocations doivent être conservées pour l'utilité du public.

« Il faut éviter, dit l'auteur du *Parfait* » *Notaire*, que les hommes d'une même » profession ne soient en trop petit » nombre, de peur qu'abusant de la né- » cessité où l'on est de recourir à eux; » ils ne fassent pas payer seulement leur » travail, mais aussi cette nécessité. Il ne » faut pas en laisser trop accroître le » nombre, car une profession dans la- » quelle le travail, l'intelligence, l'assi- » duité et la probité ne sont plus des

» moyens suffisans pour exister, ne tarde
» pas à être abandonnée des hommes
» honnêtes, et à devenir la proie de ceux
» qui n'attendent leurs succès que de
» l'activité de leurs intrigues et de la
» multiplicité de leurs exactions.

» Ces idées s'appliquent surtout au
» notariat, parce que cette profession est
» une de celles dont le besoin se fait le
» plus immédiatement sentir aux parti-
» culiers, et qui demandent chez ceux
» qui l'exercent, le plus d'intelligence,
» d'instruction, d'exactitude et de pro-
» bité. »

Les législateurs de tous les temps ont
reconnu la nécessité de fixer le nombre
des notaires. Philippe-le-Bel à son avè-
nement au trône, ayant trouvé au Châtelet
de Paris, un grand nombre d'individus
qui exerçoient les fonctions de notaires,
chargea le prévôt de cette ville, de lui
faire connoître les besoins du public à cet
égard; et sur le rapport de ce magistrat,

il les réduisit à soixante , avec ordre d'en exclure tous les autres : *intellecto dudum ex fide dignorum relatâ, ex confusâ notariorum Castelleti nostri parisiensis multitudine , multa pericula provenire . . . tuque et..... per vestras recripseritis litteras , sexaginta notarios infra scriptos sufficere, et idoneos fore ad facienda omnia negotia ad officium notarii pertinentia quæ in Castelleto prædicto facienda existunt, videlicet, Jacobum Auberti, etc., quare nos volentes, etc.*

Lors des autres créations de notaires par nos rois, le nombre fut toujours déterminé ; Louis XIV le fixa aussi par un édit du mois d'avril 1664, comme on l'a déjà dit dans la première partie de cet ouvrage, chapitre III, section 2 ; et la Constituante elle-même, tout en laissant aux administrations locales le droit d'établir des notaires là où il en seroit besoin, n'en proclama pas moins le principe de la limitation : « L'on verroit bientôt, disoit

7

» le rapporteur de la loi du 6 octobre 1791,
» s'accroître outre mesure cette classe
» de fonctionnaires qui ne seroit bientôt
» plus qu'un rassemblement d'hommes
» médiocrement éclairés, se disputant,
» non la confiance, mais le produit de
» la confiance de leurs concitoyens, et
» tous trop rarement employés pour être
» satisfaits d'un légitime salaire. »

Enfin, la loi organique a consacré les mêmes principes.

Lorsque cette dernière loi fut portée, on reconnut que le nombre des notaires, déjà trop considérable en 1791, s'étoit singulièrement accru depuis, et l'on sentit la nécessité de les réduire. L'ex-conseiller d'Etat Réal, en présentant le projet de loi, annonçoit que « les connoissances
» déjà acquises permettoient de penser
» qu'en respectant les limites que la loi
» aura tracées, le gouvernement pourra
» déterminer une fixation assez étendue
» pour qu'elle suffise aux besoins des ad-

» ministrés, mais assez limitée pour que
» l'homme probe et instruit qui voudra
» se livrer aux longues études que l'état
» de notaire exige, puisse le faire avec
» l'espoir d'y trouver une honnête exis-
» tence. »

Douze ans se sont écoulés depuis qu'on tenoit ce langage au corps-législatif, et le gouvernement n'a rien fait! Quelle qu'ait été la cause de son inaction, ce qu'il y a de certain, c'est que dans quelques endroits la loi a été violée par les permu-tations, et que presque partout beaucoup de notaires ont souffert, et souffrent encore par l'incertitude véritablement cruelle dans laquelle ils se trouvent sur le sort de leurs études : on aime toujours à connoître son sort, quel qu'il soit, et l'in-certitude est toujours pénible à sup-porter.

Un pareil état de choses réclame hau-tement toute la sollicitude du gouver-nement : puisse ma foible voix frapper

7.

l'oreille de Sa Majesté, et le bien qui sera jugé nécessaire sera fait!

On sent aisément, d'après ce que je viens de dire, que je partage ouvertement l'opinion de ceux qui veulent que le nombre des notaires soit réduit d'après les bases proposées par la loi, parce qu'elles sont raisonnables : le *maximum* fixé à cinq notaires par canton (dont la population n'excède pas quinze mille habitans pour les plus forts), est toujours suffisant, et le plus souvent il excède les besoins du public, qui, loin de gagner à cette surabondance de fonctionnaires, est, au contraire, dupe de leurs conseils qui tendent toujours à lui faire faire quelques actes pour s'en faire payer.

« Il ne faut pas croire, disoit le tribun Favard au corps-législatif, que les frais des actes soient moins considérables à raison du plus grand nombre de notaires ; il est, au contraire, reconnu que, dans les cantons où se trouvent le plus de notaires, on voit se répéter journellement une foule d'actes souvent inutiles, et qui plus souvent encore deviennent, par leur mauvaise rédaction, la source de procès ruineux. »

En vain dira-t-on que depuis la révolution le nombre des notaires a sensiblement diminué : c'est une erreur en général, et cela n'est vrai que dans certains endroits ; pour ces endroits même, je répondrai qu'à la vérité il y existoit un plus grand nombre de notaires qu'aujourd'hui ; mais qu'encore bien que ces notaires joignissent à leurs offices un greffe d'une petite justice seigneuriale, le contrôle des actes, une recette publique, ou autres charges, il n'y en avoit que quelques uns de réellement occupés, les autres ne retiroient pas même de leurs études l'intérêt du prix au taux le plus bas !

D'ailleurs, il faut aussi considérer que la destruction du régime féodal a privé les notaires de beaucoup d'actes qui se faisoient devant eux, tels que les aveux et dénombremens, les déclarations de cens, les ports de foi et hommage, etc.

D'un autre côté, les notaires seigneuriaux qui étoient en même temps régisseurs des biens des seigneurs dont ils dépendoient, n'exerçoient pas en concurrence avec les notaires royaux, comme on l'a déjà fait remarquer première partie, chapitre III, section 4. Leurs attributions étoient limitées, et dans le principe ils ne pouvoient, dans leurs études mêmes, recevoir d'actes entre personnes qui n'étoient pas domiciliées dans leur ressort; lequel, comme on le sait, étoit borné à l'étendue de la juridiction seigneuriale où ils étoient immatriculés, tandis qu'aujourd'hui ces notaires, ayant été mis au même rang que les notaires royaux, par la loi de 1791, ont les mêmes droits que ces derniers, qui, par cela seul, sont devenus trop nombreux.

Je sais bien que, quelque chose que

l'on fasse, il y aura toujours dans un
même endroit des notaires plus occupés
que les autres : l'intrigue et les menées
sont des venins indestructibles dans la
société; là confiance du public en général
n'est pas toujours le fruit du raisonnement:
l'habitude de s'adresser dans telle ou telle
autre étude, est pour la plupart le guide
de leur conduite; mais il est toujours
vrai de dire que, si dans un canton il n'y a
que le nombre de notaires rigoureusement
nécessaire pour les affaires qui s'y présentent habituellement, il s'établira avec le
temps entre ces notaires, en les supposant
tous dignes de la confiance du public,
une sorte d'équilibre dans le partage des
affaires, de telle manière que le moins
occupé trouvera toujours dans son travail une honnête existence, sans laquelle
on ne peut guères espérer de considération.

Le règlement que je sollicite sera long,
sans doute, puisqu'il devra comprendre

tous les cantons du royaume en particulier; mais il aura le grand avantage de
faire disparoître toutes espèces d'incerti-
tudes en fixant irrévocablement le nombre
des notaires et leur collocation. Et, pour
ôter tous moyens d'éluder le règlement,
les permutations seroient interdites dans
les cantons où le nombre excéderoit celui
fixé.

Par là, le notaire d'un canton où le
nombre excédera celui fixé par le règlement, mais dont la collocation sera conservée, aura l'espoir de pouvoir proposer
son successeur, en traitant de son vivant
avec un notaire du même canton, et dont
la collocation seroit supprimée; ou du
moins de laisser son étude à sa famille
qui pourroit toujours en traiter, soit avec
un notaire du même canton dont la place
devroit être supprimée, et à qui la préférence en seroit due, soit avec un étranger,
en cas de refus absolu de ce notaire.

Le notaire, dont la place devroit être

supprimée dans un canton où le nombre seroit excédant, pourroit traiter avec celui dont la collocation seroit conservée.

Enfin, dans les cantons où les notaires sont tous colloqués au chef-lieu, la réduction s'opéreroit, comme le dit la loi, par mort, démission ou destitution.

Hors le cas de destitution, je voudrois que l'étude supprimée fût payée par les notaires maintenus, de manière que le notaire obligé de se démettre pour raison de maladie ou de caducité, ou ses héritiers, ne perdissent qu'un quart du prix qu'ils auroient pu avoir, s'il n'y avoit pas eu lieu à réduction.

Mais on conçoit que cette dernière disposition ne pourroit pas entrer dans le règlement émané du gouvernement qui ne doit pas reconnoître la vénalité; seulement elle pourroit être l'objet d'un traité entre les notaires de chaque canton, traité qui pourroit être sollicité, avant tout, par les chambres de discipline.

7...

Je crois en avoir dit assez pour justifier la nécessité, l'urgence même du règlement promis depuis douze ans par le dernier gouvernement : je continue mon examen, et j'arrive à la section qui traite des conditions pour être admis, et du mode de nomination au notariat.

L'article 35 met au nombre de ces conditions, d'être âgé de vingt-cinq ans accomplis.

On pourroit désirer qu'il fût fait exception en faveur des fils de notaire seulement, lesquels auroient la faculté d'obtenir des dispenses d'âge qui ne seroient accordées qu'en connoissance de cause, et selon les circonstances, mais, toujours en cas de mort du père, comme cela se pratiquoit autrefois ; encore bien qu'il fût dit, par l'art. 82 de l'ordonnance de Charles IX, rendue à Orléans en 1580, qu'il falloit être majeur pour être reçu notaire.

Si l'on admettoit bien autrefois la pos-

sibilité d'accorder des dispenses d'âge dans
ce cas , on doit se montrer bien plus fa-
cile encore aujourd'hui où les progrès de
l'esprit humain ont permis aux législateurs
modernes de fixer la majorité à vingt-un
ans ; tandis que précédemment elle n'a-
voit lieu qu'à vingt-cinq, comme on le
sait : il falloit alors que les dispenses d'âge
rendissent l'impétrant majeur , du moins
pour l'exercice de sa charge , ce qui n'ar-
riveroit pas actuellement ; car je suppose
que les dispenses ne seroient pas accordées avant la majorité.

Ces dispenses qui ne sont qu'une indulgence de la loi appliquée par la bonté
du souverain, accordées avec discrétion,
ne sont que des actes de justice, et un
hommage rendu à la mémoire d'un homme
qui a consacré sa vie à l'exercice pénible
de l'une des professions les plus utiles à la
société; sans cette faveur, son fils qu'il
n'a pu conduire jusqu'à l'âge requis pour
lui succéder, s'il en est digne, va perdre,

peut-être pour toujours, l'occasion de se
faire un état dans lequel il seroit le sou-
tien de sa famille; d'un état qui seul peut
lui convenir, et auquel il convient par
l'habitude qu'il a du genre d'affaires qui
se traitoient dans l'étude de son père, et
de la clientèle dont il a déjà mérité la
confiance.

On conviendra au surplus que les dispenses accordées avec les ménagemens
que je suppose, ne peuvent avoir aucun
inconvénient : élevé, pour ainsi dire, dans
l'étude de son père, le fils d'un notaire,
toutes choses égales d'ailleurs, a une
instruction plus précoce que le jeune
homme qui est arrivé à l'âge de dix-huit
à vingt ans sans avoir même entendu parler de contrats, d'inventaires, de liquidations, etc.

On coviendra aussi, qu'en les accordant, ces dispenses, il peut dans certaines
occasions en résulter un grand bien.

Cela posé, la solution de la question
me paroît facile.

Une autre condition portée par ce même art. 35, est relative au temps de travail ou stage, que les articles suivans déterminent d'une manière générale d'a-bord, sauf les exceptions et modifications qui viennent ensuite.

Au nombre de ces modifications, est celle contenue en l'art. 38, ainsi conçu:

« Le notaire déjà reçu, et exerçant de-puis un an dans une classe *inférieure*, sera dispensé de toute justification du temps de stage, pour être admis à une place de notaire vacante dans une classe *immédiatement supérieure.* »

Il résulte de cette disposition, que si un notaire de troisième classe désiroit passer à une place de première, il ne le pourroit qu'en justifiant du même stage qu'un clerc aspirant, à moins qu'il ne voulût se faire préalablement recevoir notaire de seconde classe, ce qui n'est pas ordinairement fa-cile à pratiquer.

Mais comment pourra-t-il justifier de

ce temps de stage? les certificats qui le constatent, ont dû être remis lors de son admission à la place de troisième classe; il faut donc qu'il s'en procure de nouveaux : ce qui n'est pas sans inconvéniens.

D'ailleurs, il paroît inconvenant qu'un notaire aille justifier du temps de travail, et subir un examen; ce mode n'a pas dû entrer dans l'esprit du législateur.

Il faut plutôt reconnoître qu'il y a une lacune dans la loi, à cet égard; il seroit facile de la remplir en ajoutant à l'article cette disposition : Le notaire de troisième classe devra avoir deux ans d'exercice, pour être admis à une place de première classe, à moins qu'il ne veuille justifier du temps d'étude prescrit par la loi pour cette classe : dans l'un et l'autre cas, il sera dispensé d'examen.

Une autre omission qu'il paroît également utile de signaler, a beaucoup d'analogie avec celle que je viens de relever; elle consiste en ce que la loi n'a pas prévu le cas où l'aspirant, n'ayant travaillé que chez un notaire de troisième classe, se présenteroit pour être reçu notaire de première classe.

L'article 40 veut que le temps de travail soit d'un tiers en sus toutes les fois que l'aspirant, ayant travaillé dans une classe *inférieure*, se présente pour remplir une place d'une classe *immédiatement supérieure*, et ne dit rien de l'aspirant qui voudroit remplir une place médiatement supérieure, ou pour le dire d'une manière plus claire, de l'aspirant qui, ayant fait son stage chez un notaire de troisième classe, voudroit devenir notaire de première classe.

Il résulte de ce silence de la loi, impossibilité, dans ce cas, de parvenir à une place de première classe.

Il doit paroître injuste de priver ainsi un clerc de l'avantage qu'il pourroit trouver à être notaire de première classe ; surtout si l'on considère que bien des villes qui étoient autrefois le siége de bailliages, ne sont plus aujourd'hui que des chefs-lieux de canton, où les affaires ne présentent pas moins de difficultés que dans les grandes villes, et que le clerc qui a fait son stage dans ces villes, n'a pas moins été à portée de s'instruire que ceux des résidences de première classe ; d'ailleurs on nuit par là aux notaires des justices de paix, en éloignant de leurs études les jeunes gens instruits qui ont lieu de craindre, en restant dans ces études, de ne pouvoir aspirer à une place de notaire, dans un chef-lieu de cour royale.

On pourroit facilement remédier à cet inconvénient, en obligeant, dans ce cas, l'aspirant à justifier d'un plus long stage ; ainsi, le stage ordinaire devant être de six ans, on ajouteroit le tiers nécessaire pour être admis à la seconde classe, ce qui feroit huit ans, auxquels on ajouteroit encore le tiers, de sorte qu'il faudroit que l'aspirant justifiât d'un stage de dix ans

huit mois , pour être reçu dans la première classe.

Par un calcul à peu près semblable,
on pourroit aussi admettre à une place de
première classe, celui qui n'auroit eu fait
son stage que dans les deux classes infé-
rieures , et à l'égard duquel la loi est
complètement muette.

La loi n'a non plus rien statué pour le
cas où un ancien notaire voudroit re-
prendre son étude ou toute autre , comme
cela peut arriver.

Il seroit bon que la loi s'en expliquât,
à moins qu'on ne veuille considérer un
ancien notaire comme compris dans la
classe des individus qui auroient exercé
des fonctions administratives ou judiciaires, auxquels le gouvernement peut
accorder dispense de justification de temps
d'étude, suivant l'art. 42 de la loi organique ; mais le notariat ne passe point
pour une fonction judiciaire, et l'application de cet article à un ancien notaire,
me paroît souffrir difficulté.

Il me reste, pour compléter mes remarques, à jeter un coup d'œil sur la
section 3, qui traite des chambres de discipline.

C'est une de ces conceptions nobles et
touchantes, produit d'un génie heureux,
qui semblent n'offrir que des avantages,
et dont l'expérience seule peut faire
apercevoir les défauts ou l'insuffisance;
mais c'est toujours un grand bien que
d'avoir conçu une idée utile, et, sous ce
rapport, on doit des éloges aux auteurs de
l'institution des chambres de discipline.

Cette institution qui a quelques rapports
avec les anciennes communautés de notaires, dont on a parlé dans la première
partie, chapitre III, section 3ᵉ, fut orga-
nisée par un arrêté du gouvernement du 2
nivose an XII; lequel détermine d'une
manière précise les attributions de la
chambre, sa composition, ses pouvoirs,
le mode d'y procéder.

Tout cela est fort bon en théorie; et si

cet arrêté étoit véritablement mis à exécution, il en résulteroit beaucoup de bien;
mais, dans l'état actuel, les chambres de
discipline, à quelques exceptions près, ne
sont qu'onéreuses aux notaires, qu'elles
obligent à une certaine dépense pour leur
entretien ; et si l'on en excepte les réceptions de candidats pour les places
vacantes, elles ne sont réellement d'aucune utilité; encore pour ces réceptions,
les chambres ne rendent-elles pas tous les
services qu'on est en droit d'en attendre.

A quoi cela tient-il? je crois en trouver
la cause dans la composition, même, des
chambres : cette espèce de tribunal ins-
titué par la loi, dans la vue de donner de
la consistance et de la considération au
corps des notaires, et de les rendre, sinon
juges, du moins conciliateurs eux-mêmes
des différends qui peuvent survenir entre
eux et les particuliers à raison de leur état,
porte dans sa composition même un
germe d'indulgence qui paralyse la force

et le mouvement : comment concevoir en effet, que des notaires qui composent aujourd'hui ce tribunal, iront sévir contre des confrères qui, à la première assemblée, pourront entrer dans la chambre, et devenir à leur tour les juges des premiers ? Vouloir admettre, dans ce cas, une justice sévère, et des principes rigoureux, c'est supposer des vertus, qui, dans le commun des hommes, n'existent pas ; il faut à la vérité que ce tribunal soit doux, qu'on y cherche bien moins à punir les délits qu'à les prévenir ; mais, de la douceur à la foiblesse il n'y a qu'un pas, et l'on tombe ordinairement dans cet excès toutes les fois qu'on y est intéressé.

Il faudroit donc, d'abord, remédier à la composition de la chambre, et je voudrois, ou qu'on y admît un magistrat, tel que le procureur du Roi ou son substitut, ou que les membres de la chambre, pris parmi les plus anciens en réception dans l'arrondissement, fussent inamovibles.

Et même, lorsqu'il s'agiroit de la réception d'un candidat, fils de notaire ou
autre, je voudrois qu'il y eût toujours un
magistrat, au moins, présent à la séance.
Après l'information préalable faite par
une circulaire adressée à tous les notaires
de l'arrondissement, l'aspirant subiroit un
examen dont ce magistrat seroit juge ; on
ne feroit en cela que rappeler l'ancien
usage, où, d'après une ordonnance de
Charles VIII, de 1490, ceux qui avoient
obtenu des provisions pour les offices de
notaires, devoient s'adresser aux sénéchaux ou à leurs lieutenans, qui, assistés
de quatre des plus anciens conseillers du
siége, leur faisoient subir un examen sur
leur capacité. Cette ordonnance fut confirmée par celle de François 1er en octobre 1535, comme le témoigne Ferriere.
On a vu aussi, page 92, que la loi du 6
octobre 1791 avoit en partie adopté les
mêmes dispositions, relativement au mode
d'admission au notariat.

Par là on éviteroit ces réceptions de complaisance et d'égards soit pour le titulaire, soit pour le récipiendaire, réceptions qui portent un préjudice notable à la société, et au corps des notaires en particulier; car on ne peut disconvenir que les chambres n'admettent trop légèrement ceux qui se présentent, et qui, sans instruction comme sans probité, n'ayant pour tout mérite qu'une misérable routine, beaucoup d'activité et d'intrigue, n'en marchent pas moins les égaux de ces hommes honnêtes véritablement instruits, et qui, pénétrés de la dignité de leur profession, attendent dans leurs études la confiance de leurs concitoyens.

Les chambres, ainsi formées de ceux qu'on pourroit appeler les pairs des notaires de l'arrondissement, prendroient chacun en particulier un réglement qui lui seroit propre. On y fixeroit le nombre des séances qui pourroient, sans inconvéniens, n'avoir lieu que tous les trois mois à moins qu'il ne s'agit de la réception d'un candidat ou de tout autre affaire urgente, pour laquelle le président seroit autorisé à convoquer extraordinairement les membres de la chambre, sans préjudice des deux assemblées générales prescrites par l'arrêté précité, et qu'on pourroit réduire à une; on statueroit sur la marche à tenir pour constater le stage des clercs, afin d'éviter par là les certificats de complaisance; on régleroit les dépenses de la chambre; enfin on pourroit établir des règles pour la conduite que les notaires ont à tenir entr'eux dans l'exercice de leur état, les égards qu'ils se doivent, et les usages reçus, et préciser les cas susceptibles de discipline ; ce règlement seroit entre les mains de tous les notaires de l'arrondissement, lesquels seroient tenus de s'y conformer.

Je voudrois aussi que les chambres fussent chargées de donner leur avis, de décider ou faire décider les questions de pratique, seulement, qui pourroient leur

être soumises par les notaires de l'arrondissement : il seroit convenable de leur
déférer la solution de ces questions,
comme aux plus anciens, qui, par leur
expérience, sont supposés pouvoir la
donner ; et, sous le rapport de l'instruction, chacun y gagneroit ; on pourroit
même, à la fin de chaque année, rassembler les questions qui auroient été
résolues, et les faire imprimer pour chacun des notaires de l'arrondissement ; il
en résulteroit un recueil qu'on intitu-
leroit *Décisions de la chambre de discipline*, et qui seroit fort utile à la compagnie.

C'est alors que les chambres seroient
véritablement utiles ; qu'elles pourroient
réprimer les abus, soit en agissant d'office,
soit sur les réclamations des notaires ou
des particuliers, et qu'elles seroient con-
sidérées comme un véritable tribunal auquel on pourroit s'adresser avec confiance
et certitude d'obtenir justice : on verroit

ces notaires impudens , qui , sans respect
pour la loi qui défend , et sans égards
pour leurs confrères voisins, se permettent
d'instrumenter hors de leurs ressorts ,
être forcés de rentrer dans le devoir , par
la crainte d'une suspension , et même
d'une destitution que la loi prononce
bien , mais que la foiblesse des chambres
rend complètement vaine et illusoire.

On verroit aussi les chambres donner ,
librement et loyalement, leur avis sur le
nombre et la collocation des notaires de
leurs arrondissemens; on les verroit ; surtout , prendre à cet égard des décisions
immuables auxquelles elles ne se permet-
troient pas de porter atteinte , puisqu'elles
seroient leur ouvrage, tandis que, d'après
l'organisation actuelle, la chambre exis-
tante ne se croit pas obligée de suivre les
décisions de celle qui l'a précédée, et que,
consultée sur la même matière, son avis
peut être différent.

Quant au titre 3 de la loi organique,

8

●

il ne contient que des dispositions tran-
sitoires qui ne sont pas susceptibles d'observations.

CHAPITRE II.

Des Attributions anciennes et modernes du Notariat.

·

SECTION Iʳᵉ.

Des Attributions anciennes conservées par la loi organique, et de celles conférées aux Notaires par les différens Codes.

L'ART. Iᵉʳ de la loi organique est ainsi conçu : « Les notaires sont les fonction-
» naires publics établis pour recevoir
» tous les actes et contrats, auxquels les
» parties doivent ou veulent faire donner
» le caractère d'authenticité attaché aux

8.

» actes de l'autorité publique, pour en
» assurer la date, en conserver le dé-
» pôt, en délivrer des grosses et expé-
» ditions. »

Il résulte de cette définition, que tous
les actes, qu'il dépend de la volonté des
particuliers, de faire ou de ne pas faire,
sont de la compétence des notaires ; il y
a même aussi des actes qui ne sont pas
purement volontaires, puisque les particuliers sont obligés de les faire, tels que
les inventaires, à la requête des tuteurs
datifs, et qui sont du domaine exclusif
du notariat, malgré les prétentions éle-
vées à cet égard par divers officiers,
tels que les baillis, les commissaires-en-
quêteurs, et plus récemment par les juges-
de-paix qui furent déboutés de leurs prétentions par la loi du 27 mars 1791,
confirmée par l'art. 943 du Code de
procédure civile.

Ainsi, les ventes de meubles et immeubles, les échanges, les baux, les

constitutions de rentes, les inventaires,
comptes, partages, liquidations de communauté et succession, les dispositions à
titre gratuit, les procurations, quittances,
main-levées, et en général tous les actes
purement volontaires, appartiennent exclusivement aux notaires.

A l'égard des ventes mobilières, des
huissiers ont contesté aux notaires le droit
de les faire ; mais ils ont échoué dans
leurs prétentions, et il a été reconnu que
les notaires avoient le droit de procéder à
ces ventes concurremment avec les greffiers
et huissiers, conformément au decret
du 21 juillet 1790, sanctionné le 26,
rendu après la suppression des jurés-priseurs, qui étoient précédemment en possession de faire ces sortes de ventes à
l'exclusion de tous autres officiers.

Il faut toutefois excepter les notaires
des villes où il a été établi, par la loi du 27
ventose an IX, des commissaires-priseurs,
en remplacement des jurés-priseurs ; les-

quels ont le droit exclusif de faire des ventes de meubles.

Dans les lieux où les notaires font habituellement ces ventes, on est dans l'usage, lorsqu'on veut contraindre les adjudicataires au paiement, de présenter la minute du procès-verbal de vente au président du tribunal de première instance de l'arrondissement, lequel, par une ordonnance qu'il met au pied, le rend exécutoire ; on fait enregistrer cette ordonnance, et l'on poursuit par voie d'exécution : dans quelques endroits les tribunaux se refusent à rendre le procès-verbal exécutoire, et l'on est obligé de traduire les adjudicataires devant les juges, de sorte que le procès-verbal de vente ne sert que de preuve écrite, que la vente et la livraison des objets dont on réclame le prix ont réellement eu lieu.

Cette différence dans le mode de procéder provient, je crois, de ce qu'aucune loi n'a statué sur cette matière.

Le décret du 26 juillet 1790, qui a attribué aux notaires le droit de faire des ventes de meubles, n'a rien dit touchant l'exécution de leurs procès-verbaux : ils sont censés à cet égard être assimilés aux jurés-priseurs dont ils font fonction, et l'on seroit tenté de croire qu'ils n'ont pas plus de pouvoirs que ces officiers n'en avoient : or, on ne voit pas dans l'édit de création de ces derniers, donné à Fontainebleau, au mois d'octobre 1696, qu'il soit question de l'exécution de leurs procès-verbaux ; et, comme ils ne remplacèrent eux-mêmes que les huissiers qui étoient en possession de leurs offices de priseurs - vendeurs de meubles, suivant édits de création des mois de février 1556, et mars 1557, on doit en conclure que, de même que ceux des huissiers, leurs procès-verbaux n'étoient point exécutoires ; d'où il suit que ceux des notaires ne doivent pas l'être non plus : enfin la loi du 27 ventose an IX précitée, portant établissemennt de quatre-vingts commissaires-priseurs vendeurs de meubles à Paris, est complètement muette sur l'exécution des procès-verbaux de ces fonctionnaires.

Toutefois, on objecte que les notaires ayant caractère pour donner exécution aux actes qu'ils reçoivent, le droit de faire des ventes mobilières leur étant accordé, ils doivent avoir le pouvoir de délivrer grosse de leurs procès-verbaux, comme des autres actes passés devant eux, sans avoir besoin de recourir, pour l'exécution, à l'autorité judiciaire ; que si les huissiers sont obligés de faire rendre exécutoires leurs procès-verbaux, c'est que ces officiers, de même que les jurés-priseurs, n'ont point reçu de la loi le pouvoir de l'exécution, qui n'est attachée qu'à une sorte de magistrature dont ils ne sont nullement revêtus; et qu'ainsi les notaires, tenant du souverain un pouvoir que les huissiers n'ont pas, doivent imprimer à tous les actes qu'ils reçoivent, même en concurrence avec d'autres officiers, le caractère d'authenticité attaché par la loi à leurs fonctions.

C'est ainsi qu'il n'est pas au pouvoir d'un juge-de-paix de faire délivrer grosse exécutoire d'un procès-verbal de conciliation portant obligation de payer une somme, de 2,000 francs, par exemple ; tandis que la même obligation souscrite devant notaires pourra être mise à exécution sur la grosse que le notaire a le droit d'en délivrer.

Cette objection semble péremptoire ; mais on répond que les engagemens consentis devant notaires sont synallagmatiques ; qu'ils exigent pour être parfaits le concours dans l'acte de toutes les parties contractantes, du moins de celles qui s'obligent ; et que ce n'est que de cette manière, et surtout par le consentement des parties, que se forme le jugement volontaire, l'acte du notaire.

8.—

Or, dans un procès-verbal de vente mo-
bilière, le vendeur figure ordinairement
seul, et le notaire se borne à énoncer que
tels objets ont été adjugés à telle personne;
les adjudicataires n'interviennent point, ils
ne signent point l'acte; ils ne donnent
donc point ce consentement nécessaire,
indispensable même pour qu'on puisse, en
vertu du procès-verbal, avoir exécution
contre eux.

Il faudroit, dans cette hypothèse, que
les adjudicataires signassent le procès-verbal du notaire, et alors on auroit contre
eux un droit d'exécution.

M. Loret enseigne, dans ses Élémens de
la Science notariale, que, pour contraindre
les adjudicataires d'effets mobiliers au
paiement, il faut, 1°. expédier en grosse la
minute du procès-verbal, et dans cette
grosse énoncer ceux des adjudicataires qui
ont payé comptant, et ceux à qui on
aura adjugé à crédit ; 2.° présenter cette
grosse au président du tribunal de pre-

mière instance de l'arrondissement, lequel
met en marge son ordonnance d'exécution de ladite grosse ; 3°. faire enregistrer
cette ordonnance et remettre la grosse à
un huissier, qui, à la requête du notaire,
exerce les contraintes contre les adjudicataires en retard.

M. Loret ajoute qu'une pareille grosse
a, contre les adjudicataires qui y sont
annoncés en retard, la même valeur que
si elle contenoit un jugement de condamnation contre eux.

Mais M. Loret ne cite aucune loi à
l'appui de son opinion, et n'en peut pas
citer, puisqu'il n'en existe point; nous y
voyons d'ailleurs l'inconvénient de faire
grossoyer un procès-verbal, souvent vo-
lumineux, pour deux ou trois articles qui
ne seroient pas payés : aux frais de qui
seroit cette grosse? Assurément elle ne
pourroit pas être en entier à la charge de
quelques retardataires ; et, en la laissant
pour le compte du vendeur, on l'entraî-

neroit dans une dépense exorbitante qui
lui feroit préférer d'abandonner quelques
articles qui lui seroient dus.

D'un autre côté, on ne voit pas non plus
pourquoi les poursuites seroient faites
au nom du notaire qui auroit reçu le
procès-verbal de vente; le notaire n'est là
que l'instrument de la vente, et, encore
bien que souvent il soit commis par le
vendeur pour toucher les deniers, il ne
doit être considéré dans ce cas que comme
mandataire, et, comme tel, il ne peut
poursuivre à sa requête, suivant le principe
consacré parmi nous, que *le roi seul
plaide par procureur.*

Pour ne rien donner au hasard, il seroit bon que l'autorité supérieure s'expliquât sur cette matière : on agiroit avec
certitude ; et, s'il étoit possible que les
notaires pussent délivrer grosse de leurs
procès-verbaux, les particuliers y trou-
veroient l'avantage de se faire payer plus
promptement, et surtout à moins de frais.

Encore bien qu'il soit vrai de dire
que tous les actes volontaires sont du
ressort des notaires, il en est cependant
quelles lois ont spécialement attribués à
d'autres fonctionnaires, tels que les nomi-
nations de tuteurs, et de subrogés-tuteurs;
les prestations de serment des experts qui
doivent estimer les effets mobiliers d'une
communauté ou d'une succession; les
émancipations; les consentemens à l'a-
doption, et en général, tous les actes d'assemblée de famille qui appartiennent aux
juges-de-paix.

Les procès-verbaux de carence, dont la
confection leur est attribuée par l'art. 924
du Code de procédure, ne me paroissent
pas leur appartenir exclusivement, quoi
qu'en dise M. Massé; car cet article qui
se trouve au titre de l'apposition des scellés
après décès, est conçu de manière à faire
entendre que ce n'est que dans le cas où le
juge-de-paix se présente pour apposer des
scellés, qu'il doit dresser procès-verbal

de carence s'il ne se trouve pas d'effets ; de sorte que je ne verrois pas d'inconvéniens ni d'incompétence à ce que dans toute autre circonstance, qu'une apposition de scellés, un tuteur fît dresser, par un notaire, procès-verbal pour constater qu'il ne dépend point d'effets mobiliers d'une succession dévolue à son mineur : après quoi on inventorieroit les titres et papiers, et l'on feroit l'énumération des dettes actives et passives s'il en existoit.

Cette pratique est au surplus fondée sur l'opinion d'un de nos plus célèbres jurisconsultes, M. Merlin, qui, dans son Répertoire de Jurisprudence, *verbo notaire*, avance que les notaires ont le droit de faire les procès-verbaux de carence, en vertu de la loi du 27 mars 1791, dont les dispositions lui paroissent conservées par l'article 635 du Code de procédure civile.

Tout ce que je viens de dire touchant

les actes qui sont du ressort des notaires, est de droit ancien : la loi organique n'a fait que confirmer ce qui existoit déjà.

Les lois nouvelles ont aussi attribué aux notaires quelques fonctions qui ne tiennent pas précisément à la volonté des parties.

1°. L'art. 113 du Code civil ordonne de commettre un notaire pour représenter les présumés absens dans les inventaires, comptes, partages, et liquidations dans lesquels ils sont intéressés.

La loi ne dit pas quels sont les pouvoirs et la capacité du notaire commis, s'il doit se considérer comme un tuteur ou curateur ordinaire, ou comme un mandataire donné par elle à l'absent pour agir de la même manière que si ce dernier étoit présent. Dans l'usage, on semble ne regarder le notaire, dans ce cas, que comme un curateur ordinaire ; et l'on procède de la même manière que s'il y avoit des mineurs.

L'art. 838 du Code paroît autoriser cette

pratique, en disant que si tous les héritiers ne sont pas présens, le partage doit être fait en justice ; et, s'il y a lieu à licitation, dans le même cas, l'article suivant veut qu'elle ne puisse être faite qu'en justice avec les formalités prescrites pour l'aliénation des biens des mineurs.

En admettant la régularité dans cette manière de procéder, il faut convenir que le but de la loi est manqué ; car on doit supposer qu'en prescrivant de commettre un notaire pour représenter les absens, elle a eu en vue d'accorder aux absens une protection spéciale en mettant leurs intérêts entre les mains d'hommes qui, par état, ont la connoissance des affaires pour les bien traiter, et auxquels on doit accorder toute confiance pour croire que les intérêts des absens ne seront pas compromis ; autrement, il auroit été tout aussi bien de ne rien changer au droit suivi jusqu'alors, en laissant représenter les absens par des curateurs ordinaires :

les absens, ou les successions dans lesquelles ils sont intéressés, y gagneroient au
moins les honoraires du notaire, qu'on
est dans l'usage de coucher en frais de
succession, quoique les avis soient partagés,
et que quelques-uns prétendent que ces
honoraires doivent être payés par les absens, c'est-à-dire sur leur portion héréditaire.

On sent aisément la différence qui
existe entre un curateur ordinaire et un
notaire représentant un absent. Si les lois
exigent, pour les affaires des mineurs représentés par un tuteur ou curateur, des
formalités particulières, c'est dans la vue
de protéger les mineurs, et de les mettre
à l'abri de l'infidélité de leurs tuteurs, qui,
étant pris parmi tous les particuliers, à
quelques exceptions près, ne peuvent pas
jouir aux yeux de la loi de cette plénitude
de confiance que les lois accordent, au
contraire, à des fonctionnaires publics,
tels que les notaires qui d'ailleurs, comme

on l'a déjà dit, possèdent l'instruction nécessaire pour bien gérer les intérêts de ceux qu'ils représentent.

En admettant cette distinction incontestable, puisée dans la nature des choses, il faut admettre un mode de procéder différent : on éviteroit beaucoup de frais inutiles, et l'on n'exposeroit pas des successions, très-bonnes et très-claires, à remplir des formalités véritablement ruineuses tant par les frais qu'elles engendrent, que par la perte que l'on éprouve sur les biens que l'on vendroit plus avantageusement à l'amiable, en saisissant des occasions qui échappent lorsqu'il faut attendre des délais de procédure.

Au surplus, cette législation, consacrée par le Code civil, fut introduite parmi nous par la loi sur le notariat du 29 septembre 1791, art. 7; et, dès l'an V, deux particuliers présentèrent au Conseil des Cinq-Cents une pétition tendante à obtenir l'interprétation de cette loi, et à faire dé-

clarer que les notaires seroient autorisés
à représenter les héritiers absens dans les
ventes mobilières et immobilières. Le Conseil prit un arrêté le 9 brumaire an V,
portant qu'il n'y avoit pas lieu à interprétation de la loi précitée; motivé sur ce
que « l'intention du législateur n'a pu
être de restreindre l'autorisation dont il
s'agit, aux simples ventes mobilières, sans
l'avoir exprimé. »

« Que la seule condition, dans ce cas,
imposée par la loi, est que le notaire ne
puisse instrumenter dans les mêmes opérations ;

» Qu'ainsi, toutes ventes de meubles ou
d'immeubles faites par des particuliers,
dont un ou plusieurs absens se trouvent
représentés par un notaire requis en vertu
de l'art. 7 de la loi du 29 septembre 1791, sont valables, pourvu qu'il
n'instrumente pas dans l'acte. »

Il me semble résulter de cet arrêté,
qu'avant le Code il étoit possible de ven-

dre à l'amiable les immeubles d'une succession dans laquelle des absens, représentés par un notaire, auroient été intéressés; pourquoi le Code, en admettant
la même législation, n'a-t-il pas admis
les mêmes conséquences?

2°. Les époux qui veulent opérer le di-
vorce par consentement mutuel, sont tenus, en se présentant devant le président
du tribunal de leur arrondissement, de se
faire assister de deux notaires qui dressent
procès-verbaux de tout ce qui est dit et
fait, et du dépôt des pièces que les époux
doivent leur remettre aux termes des
art. 281 et suivans du Code.

3°. La reconnoissance d'un enfant naturel peut bien être censée attribuée, par
le Code, aux notaires (art. 334), mais
non pas exclusivement, comme le pré-
tend M. Garnier - Deschenes dans son
Traité élémentaire du Notariat; car il n'y
a pas d'authentiques que les actes devant
notaires; les actes des juges-de-paix et

des officiers de l'état civil, sont également des actes authentiques, et l'on ne voit pas qu'il soit vrai de dire, avec cet auteur, que cette expression, acte authentique, *signifie toujours un acte notarié, lorsque la loi ne s'explique pas autrement.*

4°. Le droit de délivrer le certificat de propriété d'une inscription sur le grand-livre de l'Etat, appartient aux notaires, lorsque le droit du nouveau propriétaire, ou jouissant, résulte d'un inventaire, ou partage fait devant notaires, ou d'une transmission à titre gratuit (art. 6 de la loi du 28 floréal an VII). Dans le cas contraire, c'est aux juges-de-paix qu'appartient le droit de délivrer ce certificat que la loi appelle aussi acte de notoriété.

5°. L'art. 154 du Code civil qui donne aux notaires le droit exclusif de dresser et notifier les actes respectueux, ne fait que rappeler l'ancien usage, où les notaires étoient de notifier dans le même cas les actes

que l'on appeloit sommations respec-
tueuses.

6°. Pour toucher les rentes viagères et
pensions sur l'Etat, les rentiers sont obligés
de représenter un certificat de vie qui
leur est délivré par des notaires qui ont
une commission *ad hoc*, et qu'on appelle
certificateurs, suivant un décret du 11
août 1806, d'après lequel ces notaires
doivent tenir registre des rentiers et pen-
sionnaires qui s'adressent à eux pour obtenir certificats de vie, de la véracité desquels ils sont responsables envers le trésor
public.

Ces fonctions de certificateurs, ont été
rendues communes à tous les notaires de
Paris, par une ordonnance du roi du 30
juin 1814.

7°. Autrefois, les partages ordonnés
par justice, se faisoient par les commissaires au Châtelet, ou par les officiers qui
les remplaçoient dans les autres siéges ;
aujourd'hui, ils doivent être renvoyés de-

vant un notaire qui alors procède seul, conformément aux dispositions des articles 828 du Code civil, et 976 du Code de procédure, et en remplissant les formalités prescrites par ces articles, ainsi que par l'art. 981 de ce dernier Code.

Les notaires doivent à leurs confrères, membres de la chambre de discipline de Paris, l'avantage de cette législation également favorable aux particuliers, par les représentations qu'ils ont faites, lors de la confection des Codes, tant par écrit que verbalement, dans le sein du Conseil d'Etat même, où ils furent admis. Cette victoire qu'ils ont remportée contre les avoués qui luttoient en sens contraire, leur donne de nouveaux droits à la reconnoissance du public, et en particulier à celle de tous les notaires, qui se font toujours un devoir de prendre pour guides de leur conduite, leurs confrères de la capitale.

8°. Les Codes ont encore prescrit aux

notaires diverses formalités à remplir, telle
que de déposer aux greffes des tribunaux,
et aux chambres de notaires et d'avoués,
les extraits des contrats de mariage de
commerçans (art. 67 du Code de commerce); mais, ce n'est là que des formalités qui tiennent aux actes déjà reçus, et
qui n'ajoutent rien aux attributions des
notaires.

SECTION II.

Des actes enlevés aux notaires par les différens Codes.

ON vient de voir quelles sont les attributions données aux notaires par les
lois nouvelles ; on peut les réduire à un
très-petit nombre, qui ne leur présentent
pas de grands avantages, si l'on en excepte,
toutefois, les partages que les tribunaux
sont tenus de renvoyer devant eux ; tandis que, d'un autre côté, d'autres lois leur
en ont enlevé d'importantes , qui, pour
l'intérêt du public, pourroient être mieux

dans leurs mains, que partout ailleurs.

1°. Je placerai, au premier rang, les ordres et distributions de prix de biens.

La loi n'empêche pas, à la vérité, qu'elles ne se fassent devant notaire, même, les distributions de prix de biens vendus par expropriation forcée, si toutes les parties sont d'accord ; mais, en cas de difficultés, les tribunaux gardent ces sortes d'affaires. D'ailleurs, les parties se laissent conduire par ceux qui ont intérêt qu'elles se traitent en justice ; il en résulte des lenteurs sans nombre, et des frais qui absorbent tout : on n'en peut pas finir, c'est à qui ne fera pas la besogne ; les juges à qui le travail minutieux d'une distribution n'est pas très familier, y mettent de la négligence ; les avoués qui ne trouvent aucun intérêt à le faire, ne s'en occupent guères ; tout languit, et rien ne se termine : d'ailleurs, les formes judiciaires entraînent après elles de grands frais qu'il seroit possible d'éviter.

9

Autrefois, sur les poursuites d'un acquéreur, qui vouloit purger sa propriété de tous privilèges et hypothèques, les juges rendoient une sentence qui renvoyoit la distribution en l'étude d'un notaire, devant lequel on procédoit à l'amiable, et sans frais.

2°. Le Code de commerce, livre III, des faillites et banqueroutes, a aussi enlevé aux notaires une partie très-importante de leurs attributions : on sait qu'avant ce Code, c'étoit en l'étude des notaires que les négocians, hors d'état de faire face à leurs engagemens, déposoient leurs bilans; là, à l'aide d'un fondé de pouvoirs, et sans frais, on réunissoit tous les créanciers, on entendoit à des propositions, on nommoit les syndics et les agéns de la faillite; à l'amiable, et selon les circonstances, on faisoit les actes jugés nécessaires, et rien de plus : s'il s'agissoit de vendre des biens, la vente s'en faisoit plus avantageusement dans l'étude du notaire, qu'en justice;

enfin les affaires se terminoient, et les créanciers retiroient toujours quelque chose; d'ailleurs les créanciers, pour la plupart, domiciliés dans le lieu qu'habitoit le failli, pouvoient plus facilement, et sans frais, soigner leurs intérêts.

Au contraire, aujourd'hui que les faillites se traitent dans les tribunaux de commerce, les formalités judiciaires absorbent tout; les créanciers ont sans cesse obligés à se déplacer, et en définitif ils ne retirent presque jamais rien.

C'est bien sans nécessité, et au détriment des créanciers, que ces diverses affaires ont été enlevées aux notaires, et il seroit à désirer de voir rétablir l'ancien usage à cet égard.

3°. Une troisième attribution enlevée aux notaires, et qui me paroît encore utile à signaler, consiste dans le droit qu'ils avoient de faire, en concurrence avec les greffiers, les actes de renonciation aux communautés et successions, lesquels ne

peuvent plus avoir lieu qu'aux greffes.
(Art. 784 et 1457 du Code civil.)

On a encore ici multiplié les frais sans
nécessité dans une circonstance malheureuse, où ils sont en pure perte pour les
parties ; il seroit bien plus naturel de laisser
ces actes aux notaires ; les particuliers
n'auroient pas besoin de se déplacer pour
les faire, ou d'envoyer des procurations
pour les représenter aux greffes, où ils
sont encore obligés de se faire assister par
un avoué ; le motif d'une plus grande
publicité ne me paroît pas plausible : ceux
qui ont intérêt à connoître les affaires
d'une communauté, ou d'une succession,
s'adressent ordinairement au notaire qui
en est chargé, et qui, seul, peut leur répondre, et leur donner communication
des actes qui peuvent les concerner, tandis qu'au greffe où ils ne vont jamais, ils
n'apprendroient rien, sinon que tel ou
telle a renoncé à une succession, ou à sa
communauté ; d'ailleurs, pourquoi tant

de publicité ? Ces actes n'intéressent que les créanciers, et le public n'a pas besoin de les connoître.

4°. Enfin, les compromis qui se fai-soient, autrefois, devant les notaires exclu-sivement, et les sentences arbitrales qui se rendoient devant eux, peuvent actuel-lement se faire également devant les arbi-tres, ou sous signatures privées ; les déci-sions ou sentences se déposent au greffe du tribunal, dans le ressort duquel elles ont été rendues (art. 1005 et suivans du Code de procédure) : rien n'empêche, néanmoins, que les arbitres ne fassent leur rapport devant notaires, lorsque les par-ties passent condamnation. On les fait alors intervenir à l'acte, ce qui est bien plus simple, et moins dispendieux que le dépôt de la décision au greffe, où l'on est obligé d'en lever une grosse à grands frais ; mais dans le cas contraire, les notaires se trouvent privés du dépôt de la sentence ; on ne verroit aucun inconvénient à leur

rendre cette attribution telle qu'elle existoit jadis, et il en résulteroit beaucoup
d'économie pour la partie qui succombe :
les grosses délivrées par les notaires n'é-
tant pas sujettes au droit d'enregistrement,
comme celles des greffiers des tribunaux ,
qui sont aussi assujéties à un emploi bien
plus considérable de papier timbré.

Telles sont les remarques et les observations que j'ai cru devoir faire ; c'est au
gouvernement et au public à juger de leur
mérite.

Avant de terminer, j'engagerai tous les
notaires, pour seconder les vues bienfai-
santes de Sa Majesté qui veut effacer toutes
les traces du passé, afin d'assurer le
bonheur de ses sujets, à ne plus à l'avenir
distinguer l'origine des biens, dans les
annonces qu'ils font imprimer, ou placar-
der ; peut-être seroit-il bon d'en faire la
matière d'une ordonnance. Puisque la
vente des biens nationaux est déclarée
inviolable, toute distinction est désormais

inutile : elle ne fait que donner, aux uns, des souvenirs amers, et des regrets super-flus, et aux autres, des craintes chimé-riques, qui, toutefois, troublent leur re-pos, et servent de prétexte aux mal-veillans, comme nous en avons eu le triste exemple : il est des maux que le temps seul peut guérir ; mais si l'art est sans pou-voir, le malade, au moins, ne doit rien faire pour retarder sa guérison.

FIN.

TABLE DES MATIÈRES.

CPSIA information can be obtained
at www.ICGtesting.com
Printed in the USA
BVHW071514291119
565153BV00008B/301/P

9 781294 865612